2014年北京市文物局业务人员科研成果出版项目
北京市文物局科研丛书

雍正皇帝与迦陵禅师

——从迦陵禅师和大觉寺看雍正皇帝与佛教

王 松 宣立品 著

北京燕山出版社
BEIJING YANSHAN PRESS

图书在版编目（CIP）数据

雍正皇帝与迦陵禅师：从迦陵禅师和大觉寺看雍正皇帝与佛教 / 王松，宣立品著. — 北京：北京燕山出版社，2014.12

ISBN 978-7-5402-2128-7

Ⅰ. ①雍… Ⅱ. ①王… ②宣… Ⅲ. ①雍正帝（1678～1735）—关系—佛教—研究 Ⅳ. ①K827=49 ②B949.2

中国版本图书馆CIP数据核字(2015)第002460号

雍正皇帝与迦陵禅师——从迦陵禅师和大觉寺看雍正皇帝与佛教

作　　者	王　松　宣立品
责任编辑	海　涵　王梦楠
责任校对	袁大威　胡玉萍　王子佳
封面设计	耿中虎
社　　址	北京市西城区陶然亭路53号（100054）
网　　站	http://www.bjyspress.com/
微　　博	http://weibo.com/u/2526206071
电　　话	01065240430
传　　真	01063587071
印　　刷	北京京华虎彩印刷有限公司
开　　本	710mm × 1000mm　1/16
字　　数	163千字
印　　张	9.75
版　　次	2015年1月第1版
印　　次	2015年1月第1次印刷
定　　价	32.00元
出版发行	北京燕山出版社 BEIJING YANSHAN PRESS

前言

世人皆谓雍正信佛，那么雍正信佛到了什么程度，恐怕就很难说清楚。还有人把雍正信佛归结为纯政治因素，恐怕又与事实不合。人是复杂的，对于一个人或一件事的认定，其中可能会掺杂很多不为人知的复杂因素。所以，将雍正信佛的原因和信佛的程度及复杂因素弄清楚，将有助于研究雍正与佛教寺院大觉寺以及迦陵禅师的关系。

冯尔康先生有篇论文名为《清世宗的崇佛和用佛》，很好地点明了雍正对于佛教的复杂态度和思路，但雍正皇帝究竟崇佛用佛到了什么程度，还需要做认真研究。

所谓“大道无形”，大道是最难摸清楚的，但大道又是最准确的，对我们又是最有启示的。这个道理，倒挺适合于雍正皇帝与迦陵禅师之间的关系。雍正与迦陵，是大觉寺这座千年寺院里一个谜一样的话题，谜在这二人皆有非凡而又略显神秘的经历，雍正不但是个皇帝，更是个在即位问题上有谜团的皇帝；迦陵不但是个和尚，更是个陪伴过被世人猜度无数的雍正皇帝的禅师，有人将他们两人之间的关系定性为缘分。

在研究雍正皇帝和迦陵禅师的关系时，我们不妨将视野放得宽一点，视野越广，所见则越深，对于事物的把握也会越准。如果我们只是看那么一两个孤例，恐怕就会失之偏颇。所以，当我们多了解一下雍正对佛教的整体态度时，比如当了解了雍正与章嘉呼土克图、弘素、超盛、文觉等僧人之间的关系，了解了雍正与福彭、张廷玉、鄂尔泰甚至宝亲王弘历之间常常谈佛论道，了解了雍正与柏林寺、大觉寺、少林寺等丛林寺院兴盛衰败的联系后，我们对雍正与佛教、与迦陵禅师之间的关系可能会有个更清楚的认识。历史不能再造，亦不能臆度，但历史文献中的只言片语却能留给我们一定的想象空间。

迦陵和尚是清代早期一位著名的禅僧，他青年时便投高阳毗卢寺真一禅师受具戒，后来南游参禅宗临济尊宿杭州理安寺梦庵禅师，因悟性深而超格得授衣拂法印，成为西天七十世南岳三十七世临济正宗第三十四世嗣法传人。迦陵一生的参学、演法活动范围很广，其足迹遍及江南、塞北的一些著名禅寺，先后在京师柏林寺、大千佛寺、塞北法林寺、杭州理安寺、江西归宗寺和京西大觉寺等寺庙主方丈。迦陵和尚不仅对佛理参悟独具心得，达到了圆通之境，而且能阐发微妙。他一生著述甚丰，有《宗鉴法林》《是名正句》《杂毒海》《宗鉴语要》《宗鉴指要》等百余卷佛教内、外典籍传世。

与同时代的一些高僧大德相比，迦陵和尚的生平有其特殊的遭际，那就是在他五十六年的生涯中，在最后的二十年里，遇到了后来当了皇帝的雍亲王胤禛，迦陵后半生的命运，便与胤禛紧密相连。一个僧人，一代帝王，本是两不相干，却因佛缘而相遇、相知。他们或参究佛理，或密参帷幄，既有知遇之恩，也有负恩之嫌。是福？是祸？似乎无法一言以判。让我们重新将这段历史呈现在世人面前，是非功过，任方家评断。

迦陵禅师与雍正皇帝，一直都是大觉寺清代历史研究和佛教传承发展研究中极为重要的人物。多年来，大觉寺管理处工作人员就相关领域进行了多次研究探讨，并出版了一些研究著作，如《大觉禅寺》《大觉寺藏清刻禅宗典籍八种》；撰写并发表了一些学术论文，如《雍正皇帝与迦陵和尚》《清代“迦陵禅师舍利塔”考》《大觉寺藏清代木刻书板概述》《从清代大觉寺的兴衰看帝王对佛教的影响》等。著述与论文中，对雍正皇帝与佛教、雍正皇帝与大觉寺、雍正皇帝与迦陵禅师等关系，从某一个侧面进行过一定深度的探讨。但限于文章篇幅和著述的立题，原有成果未能将此段历史和其深远影响做深入剖析。如何将这段历史中发生的历史事件、人物关系穿插串联，使人们更为清晰地了解其因缘际会，拨云见日，将本来面目呈现在世人面前，是研究撰写此部论著的缘起。

在研究的过程中，笔者查阅了大量历史文献和经典论著，如《圣祖仁皇帝实录》《世宗宪皇帝实录》《雍正朝起居注册》《世宗宪皇帝御制文集》《清史编年》《雍正传》《御选语录》《清世宗朱批谕旨》《雍正与禅宗》《雍正帝及其密折制度研究》《乾隆大帝》《钦定日下旧闻考》《清代档案史料丛编》《二十五史·清史稿》《高僧传》《华严经》《修行本起经》《理安寺志》《庐山归宗寺志》《中国佛教文化大典》《雍正皇帝与〈御选语录〉》《清代章嘉活佛的地位和影响》等等，所涉图书及文章很多，不一一列举。

在编纂此书的过程中，笔者重点对几个学术问题予以深入探讨，其中包括：

1．雍正皇帝与柏林寺、大觉寺等寺庙的因缘际遇；

2. 雍正皇帝政教合一的圆融统治；

3. 大觉寺藏《宗鉴法林》的版本，属北本，还是南本；

4. 大觉寺藏“清规琉璃砖”文物所附载的禅宗发展传承的文化意义；

5. 大觉寺藏《宗鉴语要》《宗鉴指要》对研究雍正与迦陵密切关系的重要意义；

6. 大觉寺藏《集云百问》缘起的特殊意义；

7. 大觉寺藏《杂毒海》之于《四库未收书辑刊》的补校价值；

8. 迦陵禅师舍利塔的确切位置。

由上述问题的深入剖析，庶几能从迦陵禅师和大觉寺这一独特视角切入，进而厘清雍正皇帝与佛教的种种因缘秘义，使阅史者更为心明眼亮。

在成书过程中，北京市文物局及大觉寺管理处领导给予了关怀和帮助，靳枫义、齐心等专家给予了鼓励和指导，在此深深地表达由衷的感谢！

此书乃大觉寺管理处研究人员的雕虫之作，因局限于单一的工作视角，且作者才疏学浅，书中不免多有词句稚嫩、论述薄浅、自以为是之处，还望读者谅解并不吝赐教。

目录

第一章　雍正皇帝与三座寺院的因缘

有关雍正皇帝与佛教，尤其是与禅宗关系的史料，并不算少。有关雍正皇帝与佛教的史料，较早者可以见到其身为皇子时期出入寺院、结交僧衲或是举办法会的文字记载，在雍正即位后还可见到其不少有关佛教方面的朱批奏折，涉及寺庙修建、派驻僧衲甚至是与臣子探讨参禅体会等多方面内容。相对于其父康熙皇帝六十一年、其子乾隆皇帝六十三年的执政史，雍正与佛教相关的史料已不算少。根据这些史料，我们基本可以将雍正与佛教尤其是禅宗的关系脉络分为几部分。第一部分，是关于雍正与禅林寺院的叙述，在此选择了三座比较有代表性的寺院：一为柏林寺，这应该是雍正身为皇子时期接触最多的一座寺院；二为大觉寺，这也是本课题研究的一个重点；三为少林寺，少林寺一向被认为是禅宗的祖庭，那么对于这座寺院的态度恐怕也在很大程度上代表了雍正对于禅宗的态度。

一、雍正皇帝与柏林寺

雍正皇帝爱新觉罗·胤禛生于康熙十七年（1678），青少年时期的雍正在处于天下之中的紫禁城皇宫里度过了大约二十余年的时光，直到康熙三十七年（1698），历史车轮的走向稍稍发生了一丝变化，使得这看似寻常的一年，可能成了中国历史尤其是清史的某一层面的开端。在这一年的三月，康熙皇帝下了一道谕旨，根据《圣祖仁皇帝实录》的记载，该月丁丑册封皇长子胤禔为多罗直郡王，皇三子胤祉为多罗诚郡王，皇四子胤禛、皇五子胤祺、皇七子胤祐、皇八子胤禩俱为多罗贝勒。[1]

之所以说康熙三十七年(1698)可能改变了历史车轮的轨迹，就是因为康熙的

[1] 参见《清实录》第五册《圣祖仁皇帝实录》(二)，康熙十七年三月丁丑条，中华书局1985年版，第995页。

若干皇子有了一个家族内的政治身份，不管是郡王也好还是贝勒也好，有了这个身份就表示他们在大清的政治系统中有了一定的地位。毫无疑问，当时在康熙皇帝心里，胤禛显然属于第三序列。第一序列是太子胤礽，他是孝诚仁皇后嫡出，虽然在康熙皇帝心里落下个生而克母的印象，但不久便因为三藩之乱等各种原因而在康熙十四年（1675）封了太子，还不遗余力请来当时的大儒王琰等大臣到尚书房教导太子，认为太子是“重万年之统”，[1]是当之无愧的国本。第二序列是皇长子胤禔和皇三子胤祉，胤禔的生母是惠妃那拉氏，胤禔是康熙皇帝的皇长子，想来在皇帝心中还是有一定地位的。皇三子胤祉则是一名聪颖好学而且敦厚的皇子，在康熙眼中，将来必是一位不可多得的文坛干将，可以在意识形态领域发挥重要的作用，至少凭借胤祉的学问也可以在皇子甚至是臣民中做一个满族大儒的标杆。第三序列则是同时被封为多罗贝勒的皇四子胤禛、皇五子胤祺、皇七子胤祐和皇八子胤禩，他们在康熙皇帝心中或是才能不足或是年龄资历不够，所以并没有获得更高的爵位，故而在最初康熙皇帝的心目中，胤禛的地位显然并不算高，这表明时当康熙三十七年（1698）的胤禛，距通往权力的巅峰，还有很长的路要走。

根据冯尔康先生的考证，康熙三十八年（1699），康熙皇帝为诸皇子建府，胤禛府邸在其中，为日后之雍和宫，[2]这就成了胤禛在紫禁城之外的家，雍和宫离一座名为柏林寺的寺院很近。虽然今日之北京很少人知道柏林寺，但在清代，柏林寺却是闻名遐迩的京师八大名刹之一。该寺创建于元顺帝至正七年（1347），至康熙年间，已经建寺三百余年。雍正皇帝曾经自述“少年时喜阅内典”，[3]说明胤禛在身为皇子的年少时期就已经对佛教经典有些向往了，这次胤禛随着封爵建府而带来的乔迁，就不免更给人一种“近水楼台先得月”的感觉了。

历史事实也证明了这一点。如果翻看雍正皇帝佛学代表作《御选语录》，雍正皇帝很谦虚地将《和硕雍亲王圆明居士语录》《圆明百问》列在了第十二卷。此卷内容分为两部分，一是语录，一是圆明百问。既然这部书是雍正皇帝作为主编编辑出版的，那么语录中所选内容必然是其首肯的，其官方性质不容置疑。此卷的第一部分，即《和硕雍亲王圆明居士语录》，里面首先是几首诗，雍正皇帝

[1] 参见《清实录》第四册《圣祖仁皇帝实录》(一)，康熙十四年十二月丁卯条，中华书局1985年版，第758页。

[2] 参见冯尔康《雍正传》，人民出版社1985年版，第588页。

[3] 参见[清]雍正编著，史原明主编《雍正御制佛教大典　御选语录》下，中国社会科学出版社2004年版，第1217页。

谓之为“铭”，《集韵》中对“铭”的解释是“志也”，想来这是他表示对于佛法永志不忘的意思，且以此做开篇。随后是长篇累牍的开示津梁之类，从字里行间大概能感觉到这长篇累牍应该是雍正皇帝在修佛参禅时的感悟，而这些感悟还着实不少，丝毫不亚于《御选语录》中历代高僧大德的大作。撇去胤禛这些大段的论述，随后也能看到一些短小精悍的对话，这些对话中充满了思考、智慧的较量，在禅宗中称其为对接机锋，这些偶接的机锋确实能引人入胜，就好像王冠上闪烁的宝石或一颗颗东珠。在这些简短对话的某个开始，我们会看到“柏林”两个字，即前边提到的京师大刹——柏林寺，而整个语录中所提到的寺院仅此一家，这说明它对年轻的胤禛影响是何其之大，或是它与胤禛之间的因缘是何其之深。之所以提到柏林寺，是因为有数则雍亲王的故事，就发生在柏林寺。

一年的岁末，雍亲王胤禛来到了与雍和宫近在咫尺的柏林寺，随手写一些“春”字和“福”字，送给大家结缘。这时来了一名僧人，对胤禛说：“一部大藏经都被王爷布施了啊！”胤禛听完，用手执笔，在自己额头上点了一点。从这一点开始，那位姓名已不可考的僧人便落入了雍亲王设下的禅宗套中了。僧人看到胤禛的举动，不解其意，便问:“王爷为什么要拿毛笔点自己的额头？”胤禛诙谐地答:“自己点，免得被别人点哪！”僧人以为抓住了胤禛说话的漏洞：“作家王爷，您也是修行之人哪，竟然也还有‘人’和‘我’的分别啊！”“作家”，在这里并非从事文学创作的人，而是禅宗里特指对善用机锋者的称呼。《景德传灯录•普岸禅师》中有云：“有僧到参，师打一拄杖……僧却打师一拄杖。师曰：‘作家！作家！’”宋代大文豪苏轼的《水陆法象赞・下八位・一切阿修罗众》也有“以此为道，穴胸陨首。是真作家，当师子吼”。这其中的“作家”是同样的意思。那么妄图与胤禛斗机锋的僧人大意就是说：您好歹也是个参禅修佛的人，我还常听人说到雍亲王圆明居士禅学深厚、智力过人，应对机锋，不昧本来面目。今天一见您的作为，竟还有“人”“我”的分别，看来您是盛名之下其实难副啊！

胤禛当然听出了僧人的意思，也知道这名僧人就是来斗机锋的，边笑边指着额头上的墨点说:“那么这点的是‘我’还是‘人’呢？”言下之意，就是说“人”便是“我”，“我”便是“人”，色即是空，空即是色，色不异空，空不异色，色色空空，人人我我，有什么区别呢？僧人听到这里恍然大悟，原来自己早就落进了雍亲王的禅锋套路里了，自己还恍然不知、扬扬得意，一阵脸红，赶紧作礼而退。看那僧人走开，胤禛迅速拿出自己的黑色手帕，反复擦拭，直到擦净了头上的墨点。

看着雍亲王对接机锋，早就有其他僧人按捺不住了。胤禛刚擦净额头上的墨点，便不知从什么地方又冒出一位僧人，对胤禛说道："金不与金碰，王爷为什么要用黑手帕擦掉头上的黑墨点？"胤禛则对了一句很有意思的话："仁者到诸方切不可举，圆明分黑疏白。"[1]仁者，在这里是佛教用语，是对人的尊称，类似的说法有《大日经疏》卷四："梵音儞，名为仁者。"《法华经·序品》："四众龙神，瞻察仁者。"所以在这里仁者就是指前来提问题的那位僧人。后面的"诸方"一词在这里则是别的地方的意思。相同的用法见于《景德传灯录·池州南泉普愿禅师》："僧辞，问云：'学人到诸方，有人问和尚近日作么生，未审如何只对。'"唐代韩愈的《原道》里有这么两句话："不惟举之于其口，而又笔之于其书。"其中的"举"字用法与此句类似，应该都是谈论之类的意思，圆明是雍亲王的法号，经过这几处解释，我们就能知道这句话是在说："您到别的地方，千万不要说我圆明居士分黑分白。"僧人似乎听懂了雍亲王的意思，于是赶紧说："衲子不敢。"而后胤禛又进一步加了一句，这一句其实表达了一层更高的境界或是对他自己用黑手帕擦黑墨点做了一个更贴切的解释，他说：这哪里是什么金不碰金，那样只能是两败俱伤，我刚才那是"水洗水也"。[2]把自己或墨看成纯洁的水，把手帕又当作水，以水来洗水。水既可以是物，也可以是人，人水物之间不分彼此，这位雍亲王爷也算是证悟了的独立见解了。也许是上天冥冥中的机缘安排，雍正皇帝的儿子，即后来即位的乾隆皇帝在几十年后继承了其父"水洗水也"的精髓，只不过他是用真的水来洗水了。有这么一则趣事：乾隆经常巡游，每次都带玉泉水供自己饮用。可有时时间过久，车船颠簸，水的色味不免发生变化，就用别处的泉水洗一洗；把别处的水倒入玉泉水中搅一搅，搅过之后，别处的水重，就下沉，污浊随之沉到下面，玉泉水轻，就上浮，十分清澈，舀出存放起来，分毫不差。

佛教讲因缘，那么对于年近不惑的雍亲王胤禛来说，这一日的因缘恐怕就在"机锋"二字上了。因为除去那两位僧人以身试"法"，向胤禛提问，甘拜下风后，又接续有僧人提出了不同的问题。而胤禛总能凭借其很深的儒释修养，周旋来回，使众僧皆服。在那两位僧人败下阵来后，终于有位年龄稍大的僧人夸了胤

[1] 参见[清]雍正编著，史原明主编《雍正御制佛教大典　御选语录》上，中国社会科学出版社2004年版，第551页。

[2] 参见[清]雍正编著，史原明主编《雍正御制佛教大典　御选语录》上，中国社会科学出版社2004年版，第551页。

禛一句:“王爷真正仙机!”[1]仙机本来是说神仙异人所做的预言或暗示,《红楼梦》第一百二十回:“雨村听着,却不明白,知是仙机,也不便更问。”在这里仙机可能有类似的意思,总之是说胤禛应对机锋,确实不凡。胤禛似乎意犹未尽,还沉浸在应对机锋的乐趣中,便开口道:“是不是仙机,并无凭据,倒情知你不了解佛话。”这时另外一位僧人随即说道:“那就请王爷说几句佛话来听听吧。”胤禛说:“我只管写寿字。”那僧人很奇怪,问:“王爷写的是‘福’字啊,为什么要说是‘寿’字呢?”胤禛见众僧又上了套,得意地回答:“你们没听过人们常说人间五福[2]寿为先这句话吗?”听完这句话,那位年龄稍长的僧人拍手笑道:“有趣有趣!”胤禛听到则打趣说:“八十岁的老翁嚼秫秸(麦秆)。”老和尚愣了一下说:“贫僧不知王爷何意。”胤禛说:“老老大大的,你能尝到什么滋味啊!”大家都笑了。经过胤禛这么一对答打趣,还真没有僧人敢上前挑战问话了,胤禛见此,得意地说道:“今日无端,频遭点额。”大意是说,我今天不就来写几个字给大家结缘嘛,反倒引出这么一出问答,幸而我参学有得,没有栽在你们手里。

这则编辑在《御选语录》中的小故事,至少向我们透露了两点重要信息。第一,雍亲王胤禛确实有超过常人,甚至胜过一般僧人的佛学禅宗造诣。今日之人,常常将雍正信佛与夺嫡登基即皇帝位联系得非常紧密。常常是言雍正信佛,则必称是出于觊觎大宝之位而采取的伎俩,这样说未尝不是一种极端。诚然我们不能排除这个可能性,但当我们在深入读了雍正登基之后所编纂的佛学故事后,我们还应该看到,在爱新觉罗·胤禛内心中,保留了一丝对于文化、哲学和宗教的一种特殊的执着。反映到品行上,则是如前边小故事里所说的那种刨根问底,将道理辩清楚的性格,而这种性格似乎并不应该附着在这位通身流淌着皇族和政治血液,并窥伺神器已久的人身上。无论如何,这种情况确实是实实在在地存在着,并在某种程度上影响到了本书的另一位主人翁——迦陵禅师。可能正是因为雍正皇帝对于自身所感悟到的禅学道理的执着和对于自身感悟的坚定信仰,交融着多疑的、世俗的和成熟的思想,迦陵禅师始终并未被胤禛当作“真再来人,实大善知识”者,[3]这种态度也为后来迦陵禅师身后境遇的骤变埋下了伏笔。第二,就是柏林

[1] 参见[清]雍正编著,史原明主编《雍正御制佛教大典　御选语录》上,中国社会科学出版社2004年版,第551页。

[2]“五福”:五种幸福。《尚书·洪范》:“五福:一曰寿,二曰富,三曰康宁,四曰攸好德,五曰考终命。”汉代桓谭《新论》:“五福:寿、富、贵、安乐、子孙众多。”

[3] 参见[清]雍正编著,史原明主编《雍正御制佛教大典　御选语录》下,中国社会科学出版社2004年版,第1217页。

寺确曾在爱新觉罗家族或者说在雍亲王胤禛的生活中占过相当大的比重，而这一情况在康熙皇帝执政的最后十年中尤为明显，可以被视为胤禛高级智囊的家奴戴铎曾经在康熙五十二年（1713）给胤禛写过一封信，非常精当地为主子胤禛分析了当时的政治情况，他说："皇上有天纵之资，诚为不世出之主；诸王当未定之日，各有不并立之心。论者谓处庸众之父子易，处英明之父子难；处孤寡之手足易，处众多之手足难。何也？处英明之父子也，不露其长，恐其见弃，过露其长，恐其见疑，此其所以为难。处众多之手足也，此有好竽，彼有好瑟，此有所争，彼有所胜，此其所以为难。"[1]当康熙皇帝六十岁寿辰，胤禛兄弟朝臣搜肠刮肚争相在老皇帝面前表现而又难免为皇帝猜忌其动机的时候，舍自己之钱财重修一下府邸旁边的柏林寺，并召集僧人举办一场隆重的法会祈福祝寿，则成了胤禛最好的选择，也成就了康熙皇帝心目中皇子们的最佳、最恰当、最典范表现。所以在今天的柏林寺，我们还能看到康熙皇帝御题的"万古柏林"匾额，那可能是胤禛在康熙五十二年（1713）年修完柏林寺后上奏父皇后或请父皇游幸该寺时父皇所赐。当已是和硕雍亲王的胤禛在兄弟争储斗争白热化而又不知道该如何表现的时候，移步到雍王府旁边的柏林寺，举办个法会，与寺僧攀谈一下机锋，在净土中静静地思考一下自己的前途，并对外号称一下自己是"天下第一闲人"，巧妙避开恩威如山的父皇和实力雄厚的兄弟之间猜忌和争斗的旋涡，就成了胤禛最好的选择。这正是戴铎在同一封信中为胤禛提出的处理君臣利害关系，定终身荣辱的解决之道，"孝以事之，诚以格之，和以结之，忍以容之，而父子兄弟之间，无不相得者"，而胤禛在柏林寺的作为正是这一解决办法的最贴切表现或说是最佳践行。柏林寺无疑为这一解决办法的执行，提供了最便利的、最合适的、最易行的场所。对于胤禛而言，这恐怕又是最佳最心安理得的方法行为了。

二、雍正皇帝与大觉寺

（一）雍正修缮大觉寺的原因

对雍亲王胤禛来说，仅是一次的寺庙修建、助厘资福恐怕还不够，之后他又不断修缮寺院，或是以一名皇室贵胄王爷的身份参与一些寺院的佛教事务，俨然

[1] 参见冯尔康《雍正传》，人民出版社1985年版，第44—45页。

一名热心佛教的皇族居士。清康熙五十九年（1720），胤禛重修大觉禅寺，并送一位禅师在大觉寺安禅开堂演法。这件事可以看作是今天我们写作这本书的助缘，也许正是那一次的修缮，使得大觉寺的香火法脉再次开始兴盛延续，才始有今日大觉寺之规模；也许正是那一次的“送禅师”，使得大觉寺又平添了一份历史的暧昧。

凡事总有因果联系，究竟是什么原因让胤禛第一次来到大觉寺，由于未找到直接史料记载已难以考证。但根据一些间接史料记载，康熙皇帝十三子怡亲王胤祥与大觉寺有关系，且胤禛与胤祥关系密切，从这一线索我们或有可能追寻到雍正垂青大觉寺的原点。

第一，《世宗宪皇帝实录》记载了一段雍正八年（1730）五月的上谕，谕中对怡亲王允祥进行了深情感人的回忆和评价。我们撇开其他无关的赞誉之词不论，上谕中有一句是这么写的：“及王病势渐加，力不能支，惟恐朕心忧烦，则称交晖园乃起病之所，暂且移避，遂养疾于西山。”[1]

怡亲王允祥因病薨于雍正八年（1730）五月，这则上谕应是怡亲王过世之后雍正皇帝悲伤怀念乃弟而发。雍正与怡亲王允祥关系亲密，将怡亲王誉为国家柱石，是其最信任之人。及至怡亲王薨后，雍正极度悲伤，曾经辍朝三日，这在雍正皇帝的从政史上恐怕是绝无仅有的。恐怕那时的雍正皇帝是时时念起乃弟之好，而又刻刻无不悲伤以至于心神不定。我们这条史料正是有关于此的透彻诠释，其内容是说：怡亲王的病越来越重，竟然到了力不能支的程度，但又非常担心雍正因为他的病情而忧心烦闷，以至于影响朝政，就向雍正皇帝上奏说交晖园是起病之所，现在生病了，仍然住在这里，恐怕不利于病情的治愈，最好能移居到西山养病。

在这条史料中出现了两个地名，一是交晖园，另一是西山。其中交晖园是允祥的御赐花园。在清雍正时期，交晖园距离圆明园非常近。近到什么程度呢？交晖园后来在乾隆朝中期被赐给当时的大学士傅恒，改名春和园。乾隆三十四年（1769）春和园归入圆明园，正式定名为“绮春园”。至嘉庆朝，绮春园再次并入了其他的园子，形成最大规模。也就是说，允祥的交晖园就是今日圆明园中的绮春园的一部分，那就可想而知两个园子有多近了，难怪允祥病重之后，要搬往别处，因为自己的住所离皇兄实在太近了！即使自己不说，病重的消息也难免会传到消

[1] 参见《清实录》第八册《世宗宪皇帝实录》(二)，雍正八年五月丙子条，中华书局1985年，第259页。

息无比灵通的雍正皇帝耳中。在史料中出现的第二个地名——西山，胤禛曾说在西山重修大觉寺，[1]毫无疑问所说的西山就是北京的西山。根据考证，允祥曾经在西山温泉一带的白家疃生活。据说允祥非常喜欢白家疃的风土民情，在这里建了别苑，作为憩息之所。允祥还曾经向雍正皇帝上奏说白家疃一带民风淳厚，希望皇帝能免除该地区一部分税赋，因此白家疃成了允祥生前最有影响的地方。根据资料记载，允祥病逝后，当地乡民上书请示为其建祠堂，得胤禛允许，并拨官地三十余顷为祭田，于雍正十年（1732）在白家疃村西建怡贤亲王允祥祠。白家疃距离大觉寺不到七公里，雍正之所以能够知道大觉寺，恐怕与允祥有着很大的关联了。

第二，这条史料是允祥的一首诗，名字就叫《西山》。该诗有八句：霁色来西爽，云端见远峰。翠含新雨重，青爱晚烟浓。逸兴登山屐，清音隔寺钟。何时探胜迹，泉石纪游踪。

该诗见于《交辉园遗稿》，一看便知是允祥的诗文集遗稿。这部遗稿辑录了允祥所作的诗数十首，而这些诗基本都是允祥附和雍正而作随后送给雍正的诗，雍正每当收到允祥的诗，必然好好珍藏起来。允祥薨逝后，雍正皇帝特意把允祥送给他的诗辑录成册，与自己的御制诗一同付梓出版，且让我们来欣赏一下这首诗。

前两句写到“霁色来西爽，云端见远峰”，霁色，是指晴朗的天色。唐代有一位与白居易并称“元白”的诗人元稹写过一首《饮致用神曲酒三十韵》，其中有“雪映烟光薄，霜涵霁色泠”两句，其中的“霁色”一词即是相同的意思。到了宋代，王安石也有类似的诗一首，名叫《和王胜之雪霁借马入省》，其中有“前年腊归三见白，霁色岭上班班留”两句，也是在指晴朗的天色。那么允祥这两句诗的意思大概就是：西山一带天色晴朗，峰高入云端，且层峦叠嶂。随后两句“翠含新雨重，青爱晚烟浓”，则描写了傍晚细雨过后翠绿的山色。

允祥文学素养亦是很好，他这八句诗给人一种由上而下、由大到小、移步换景的感觉。文如其人，允祥本人也必然是逻辑严谨，而又不乏雅兴。这一点颇像其四哥雍正皇帝，无怪乎两人如此亲密，无怪乎胤禛对这个弟弟恩爱有加。在描写完天色和山色后，遂将目光移向了山坡，这回不但有了形状和颜色，而且还有了声音。什么声音呢？是不远处传来的钟声，于是就有了这两句：“逸兴登山屐，

---

[1] 参见《雍正朝起居注册》，雍正四年十二月初八日条，中华书局1993年版，第879页。

清音隔寺钟。”“逸兴”，指超逸豪放的意兴。屐，指的是木板鞋，据说谢灵运“登蹑常着木屐，上山则去其前齿，下山则去其后齿”，[1]但木屐在宋代以后则基本上是专门的雨鞋了。那这句其实就是在说虽然下了雨，道路泥泞不堪，但是意兴豪放，穿上木屐，在斜风细雨中去登山了。“清音隔寺钟”一句中的“清音”，是指清越的声音，晋代有位名叫左思的人写了一首《招隐诗》，其中就有“非必有丝竹，山水有清音”的说法，与允祥这句文字不同而意境类似。“寺钟”，则点明了映现在允祥眼帘中的另一景色，原来他来到了一座寺院外面，因为是傍晚，僧人们已经开始做晚课了。在佛教中有梵呗清音的说法，就是指做法事时的歌咏赞颂之声，那么这句“清音隔寺钟”应该就是在描写这个场景了。那么除了美丽的景色外，还有什么更能打动人呢？恐怕就是声音了，更何况是从处在俱佳天色山色间的古寺中传出的声音。

“何时探胜迹，泉石纪游踪”，这两句是本诗的结尾句，意思简单明了，但已是在修辞手法上更进一层。无论如何，允祥游览了胜迹，还欣赏了泉石，其实这“泉石”二字最容易让人浮想联翩而在脑海中闪现出大觉寺。原因之一，盖因为大觉寺初名“清水院”，即以寺内清泉得名，是金代西山八大水院之一。那么允祥从白家疃脚蹬木屐来西山游览，恐怕最有可能来的就是以泉水闻名而又距离最近的大觉寺了。当然清代西山一带寺院众多，泉水亦是不在少数，也不能绝对地说他到访的就一定是大觉寺，但概率最大。除因泉水闻名外，大觉寺在明代时是西山一带佛教法脉的中心，故应该是西山寺院中最大的一座。原因之二，盖因为我们从雍正皇帝身为皇子时期的诗文集《雍邸集》中发现另外一首诗，与允祥这首诗有同工之妙，而这首诗的名字，正是《再过大觉寺》。诗文如下：

一径烟萝夕照深，山窗幽竹更添阴。老僧谭法挥松麈，异鸟衔花敛雪襟。（山中有白鹊）阁响钟声传密义，潭空云影鉴禅心。频来端爱风泉洁，却向无弦听好音。

现在我们再回过头来通览一下允祥的《交辉园遗稿》，仍然只需要看看诗文的题目，这些题目多为《奉和兄雍亲王早起寄都中诸弟兄韵》《奉和兄雍亲王山居偶成元韵》《奉和兄雍亲王春园读书元韵》类型的元韵诗。所谓元韵，其实也是原韵，清代赵翼曾对此有解：“近代词章家和朋友诗则曰原韵，和御制诗则曰元韵。盖取元音之元，以示尊崇。不知原韵本应作元韵，并非假借也。元者，本

[1]《二十五史·南史》卷十九，上海古籍出版社1986年版，第2727页。

也。本来，曰元来。”[1] 其实就是一唱一和，允祥在和四哥胤禛的诗。

那么我们不妨大胆猜测，其实允祥在这次游览西山时，可能不是一人独行，而是与四哥相伴形影不离脚蹬木屐登上了西山，听见了梵呗钟声，遇见了寺院，遇见了泉石殊胜。兄弟二人相约赋诗，唱和之间，情意融融。胤禛诗云：频来端爱风泉洁——只有十三弟陪我来这里，才是好风好泉，才能让我端爱！大清国这么多人，恐怕只有与十三弟在一起之时，才有那么一丝惬意和懒散，才是那么放心。吾兄弟二人就像交好的和尚与道士，绝无猜忌，而又同修本真。允祥诗云：泉石纪游踪——与四哥在一起，才会感到如此稳妥与放心，才会感到一丝的温暖。人人皆谓四哥细腻，但谁又知道四哥豪放！逸兴登山屐，逸兴的人正是四哥啊！

恐怕从那时起就注定了大觉寺会被胤禛重修，又被其后世子孙绵延垂青。

几年后的一天清晨，同样是霁色西爽，大觉寺里来了一群人，他们面带喜色，盛装而又精神。大觉寺也焕然一新，除了几块明代皇帝留下的御制碑外，在功德池的一侧又多出一块崭新的石碑。这块碑一面刻字，一面平滑。刻字的是阳面，昭示着大觉寺一段新的历史；平滑无字的是阴面，等待着大觉寺一段更近的被接续下来的历史。

这群人里有三个人最显眼：胤禛、胤祥和性音。两个皇室贵胄，送一位禅师来大觉寺开堂演法，这一天，他们都是主角。

那一天具体的经过，我们已经无从考证，我们只在这里展示一段史料。这段史料当然来自那块三百年前崭新的石碑，史料的内容则来自胤禛挥洒间俊逸的书法。且看碑文：

额题：法轮重转

送迦陵禅师安大觉方丈碑记

我

皇父现无量寿佛身，光被一四。天下临御，五纪以来，万类恬熙，益登极乐国土。余荷圣慈天覆，奉藩多暇，禅悦斯深，性海同游。时亲善友顾，十方释子，如粟如麻。求其了悟真宗，不愧称善知识者，了不可多得。僧性音净持梵行，志续慧灯，闲时偶接机锋，不昧本来面目，是可主持法席而俾以宏阐宗风者也。西

[1] 参见[清]赵翼《陔余丛考》，中华书局1963年版，第484—485页。

山大觉寺者，金源别院，表刹前明，山深境幽，泉石殊胜，岩中宴坐，当不减鹫岭雪峰，聿诹良月。吉辰，倡率道俗，送方丈安禅，开堂演法。从此信响彻于诸方，善果结于四众。莫不勤行修习，广种福田。则住山领徒之侣，既可以报佛恩者报国恩，而祝厘资福之忱，亦籍以少展。至于园居相望，往复过从，入不二门，证无上道，此又余与性音所共勉勿谖者矣。

康熙五十九年岁次庚子秋九月和硕雍亲王撰并书

这篇碑文可以说是本书所阐述内容的核心。三百多字，穿起了本书的主题：胤禛、迦陵和大觉寺，甚至还能从字里行间隐约感觉到康熙皇帝的影子。可能这也是二十多年后乾隆皇帝又再次修缮大觉寺的直接原因和动力，当介于而立与不惑之年的乾隆皇帝读到翁亲这篇亲笔题写的碑文时，恐怕内心的感触是绝不一般的。总之，这块碑向人们昭示了一段不寻常的历史。碑文并不十分晦涩难懂，不过仍有几点细节需要指出来，以做进一步的说明。

先看时间和作者的落款，从这两点中能延伸出更多的与碑文所标明的历史事件有关的内涵，也许正是这些内涵决定了至少在一段时期内本书研究的主要人物的思想和行为。《清实录》记载，康熙五十九年（1720）的正月，诸王大臣向康熙皇帝上奏，谓来年是皇上御极六十年，请行庆贺典礼。康熙未有允准，并发了条上谕，详细阐述了不能接受庆贺的原因，他说“朕在位五十九年，皆由上苍眷佑，先圣造福之所致也”，[1]清朝皇帝向来敬天法祖，无论是对上苍还是对列祖列宗，都怀着一种敬畏之心，故而康熙皇帝如此训谕，应该不完全是因为谦虚，更是因为一种诚惶诚恐。

况且当时大清帝国境内并不太平，不管是上天的暗示——连续两年出现日食，还是边境的用兵。治国六十余年，康熙皇帝已经感到非常疲惫，但天下仍不太平，连上苍都用两次日食来警示，可能在康熙皇帝心里，确实因此感到一种很强的压力与无奈，所以他很诚心地希望不举行庆贺典礼，因此在上谕中才有了这么一段：“西陲用兵，军民劳苦。去岁正月朔日食，今年七月朔又值日食。海洋飓风飘没官兵船只。山左东三府水发被淹，黎民饥馑。淮黄水大，仅能抢护。人心风俗未

[1] 参见《清实录》第六册《圣祖仁皇帝实录》(三)，康熙五十九年正月乙卯条，中华书局1985年版，第796页。

尽淳，官箴政事未尽理。此正君臣孜孜求治之时，庆贺之事着停止。”[1]

以上是康熙皇帝的处境以及心情。那么处在权力旋涡中的皇子们又是一个什么状况呢？其实此时的皇子中有位“明星”，他便是皇十四子胤禵，并且他已被万众瞩目近两年了。康熙五十七年（1718）春天，策妄阿拉布坦属下策凌敦多布进攻西藏，西藏力难支撑，藏王杜尔伯特、蒙古人拉藏汗请求清政府发兵救援，康熙皇帝先是命令侍卫色楞会合守在青海的西安将军额伦特部军士前往援助，但未能控制局势。至是年三月，康熙皇帝决定彻底解决西藏问题，将皇十四子胤禵由贝子超授王爵，并任命为抚远大将军，至十二月率师西征。对于胤禵的出征，康熙皇帝极为重视，出发前亲往祭告，并在太和殿向胤禵授大将军敕印；这还不算，胤禵乘马出天安门，诸王及二品以上文武官员都到德胜门军营送行。胤禵似乎是一跃而出，成为了老皇帝的新宠，相较胤礽和胤禩，甚至还有过之而无不及。其实胤禵的高规格待遇还不止马出天安门、送行德胜门，康熙皇帝还命令胤禵用正黄旗旗纛，照依王纛式样，胤禵在军中称“大将军王”，等同于同时身兼皇族王爷和大军区司令员两个高级身份和职务。康熙还嫌不够，给青海厄鲁特罗卜藏丹津降旨说“大将军王是我皇子，确系良将，带领大军，深知有带兵才能，故命掌生杀重任”，对于军务以及其他各种事项，事无巨细“均应谨遵大将军王指示，如能诚意奋勉，即与我当面训示无异”。[2]

讲了这么多，其实无非是在说明一个问题，当时的康熙皇帝并不悠然，上苍警示，国土战乱，臣子则是围绕皇储问题做文章，希图异日富贵。皇子们又在盯着太和殿的宝座，希望走过独木桥，走向权力的顶峰，父皇不允许御极六十年时庆贺，兄弟们又都在激烈地争储，如果与老十四胤禵走得太近，又不妥，他已是大将军王，趾高气扬，太亲近又难免招来老皇帝猜忌，认为是在希图异日富贵。

从《清实录》的记载看，康熙皇帝在这一年中有很长时间在外巡幸，后又驻跸热河行宫，行程异常紧张，而胤禛则似乎总能选择一个好的时机接近和讨好年迈的康熙皇帝。在这一年的三月，“皇四子和硕雍亲王胤禛恭请上幸王园进宴”。[3]不久之后，康熙皇帝又开始巡幸塞外，但不知出于什么原因，并未带胤禛随驾外

[1] 参见《清实录》第六册《圣祖仁皇帝实录》（三），康熙五十九年正月乙卯条，中华书局1985年版，第796页。

[2] 参见冯尔康《雍正传》，人民出版社1985年版，第38—39页。

[3] 参见《清实录》第六册《圣祖仁皇帝实录》（三），康熙五十九年三月庚辰条，中华书局1985年版，第799页。

出。史料记载，上巡幸塞外，命皇三子和硕诚亲王胤祉、皇八子多罗贝勒胤禩、皇九子固山贝子胤禟、皇十子多罗敦郡王胤䄉、皇十五子胤禑、皇十六子胤禄、皇二十子胤祎、皇二十一子胤禧、皇二十二子胤祜随驾。是日自畅春园启行，驻跸郑格庄。[1]出行不久，康熙皇帝驻跸热河行宫。[2]是年七月，胤禛还赴热河恭请上安。[3]之所以在此把看似无关的历史脉络叙述清楚，并非顾左右而言他，这些正是大觉寺重修时的历史背景。号称天下第一闲人的雍亲王爷胤禛确实并不清闲，要费尽心思选择最好的时机接近父皇，同时还要主持寺院的修缮工程，又要参禅拜佛，还抽空不烦颠簸去了趟热河。

从落款可知这篇碑文作于康熙五十九年（1720）九月，所以不难推断，大觉寺重修之后的庆祝以及法事应该也是在这前后举行的。那么为什么胤禛会选择这个时间来做这些事情呢？肯定不是因为性音和尚在此时最方便，而是因为康熙皇帝在九月从热河行宫回到了北京。史料记载，康熙五十九年九月庚寅，康熙自热河回銮，第一天驻跸喀喇和屯。所以，九月，绝对不是随便选择的月份，而是根据康熙老皇帝的行程安排而定的。

其实在这篇名为《送迦陵禅师安大觉方丈碑记》的文章中，并不难发现与之前的推测相对应的线索，即这篇碑文的第一句话，即“我皇父现无量寿佛身，光被一四。天下临御，五纪以来，万类恬熙，益登极乐国土”。在此，首先要解释几个名词，第一个名词是“无量寿佛”。无量寿佛是阿弥陀佛的意译，阿弥陀佛是西方净土的教主，是佛教净土宗的信仰对象，《观无量寿佛经》中有云“见无量寿佛者，即见十方无量诸佛”。

为什么胤禛要说康熙皇帝是现无量寿佛身呢？想来有三个主要因素：一、清朝皇帝多扶持佛教，所以称康熙皇帝为某位佛，必然不会招致康熙皇帝的不满，反会起到取悦作用，况且称康熙皇帝为无量寿佛并不是胤禛的发明。二、将康熙皇帝称作无量寿佛这件事在此提起，可以起到表明做佛事就是祝福父皇的作用。三、根据《哲布尊丹巴传》的记载，一世哲布尊丹巴曾向康熙皇帝传授长寿之秘

[1] 参见《清实录》第六册《圣祖仁皇帝实录》（三），康熙五十九年四月戊申条，中华书局1985年版，第801页。

[2] 参见《清实录》第六册《圣祖仁皇帝实录》（三），康熙五十九年四月壬戌条，中华书局1985年版，第802页。

[3] 参见《清实录》第六册《圣祖仁皇帝实录》（三），康熙五十九年七月辛卯条，中华书局1985年版，第808页。

法及长寿佛之灌顶，当时康熙皇帝即被蒙藏各部视为无量寿佛化身于人间的转轮圣王[1]。这一因素应该是最主要最直接的，根据研究康熙皇帝最尊崇的高僧大德便是一世哲布尊丹巴，康熙三十九年（1700）康熙皇帝曾给哲布尊丹巴甚高评价，称“朕所见之高僧，未有出于哲布尊丹巴呼土克图之右者”[2]。那么对于因哲布尊丹巴而得的这个无量寿佛的名号，康熙皇帝必然不会推辞反而会非常珍爱，这也是胤禛之所以在碑文中放心大胆使用这一称呼的原因。

其实在很多年后，乾隆皇帝仍然在记载康熙皇帝的碑文中沿用了此称呼，见于永佑寺的御制碑文，这座寺院就坐落在热河的避暑山庄内。永佑寺建于乾隆十六年（1751），是乾隆皇帝为祭祀祖宗而建，原殿中供奉弥勒、三世佛、八大菩萨和无量寿佛等。乾隆帝在《永佑寺碑文》中说：“我皇祖圣祖仁皇帝，以无量寿佛示现转轮圣王，福慧威神，超轶无上。”清代袁枚在《续新齐谐•打破鬼例》中说“（李曰：）‘若人生天地间，阴阳鼓荡，自灭自生，自食其力，造化哪有工夫管此闲帐耶？’鬼曰：‘闻转轮王实管此帐。’”如果我们再进一步推论，乾隆皇帝于乾隆十二年（1747）来到大觉寺，很可能就是因为见到了其父撰写的《送迦陵禅师安大觉方丈碑记》，随后才开始随其父的做法称其皇祖为无量寿佛转轮圣王。

而大觉寺和永佑寺这两座不在同一地域的寺院，却有着非常重要的共性，第一，两座寺院都有御制碑，碑文伊始都提到了康熙皇帝，又都称其为无量寿佛转轮王身。所不同仅仅是作者，而作者又是一脉相承的父子关系，而这对父子又是政治性极强的两位皇帝。第二，两座寺院所主要供奉的神祇也都是无量寿佛，其所不同仅仅是建于不同的年代而已，以上这两个相同点恐怕不应该被认为是巧合。永佑寺的修建目的我们可以通过乾隆皇帝御制碑文知道是为了祭祖祈福，那么是不是能反推一下，当初胤禛之所以要重修大觉寺也是出于类似的目的呢？性音也好，寺院也好，其实都是幌子，其核心的目的还是在于庆贺康熙皇帝御极六十年，之所以胤禛没有在碑文中写得太清楚，就是因为康熙皇帝在五十九年初下发的那道上谕，禁止庆贺典礼，故胤禛才不能在碑文中写得太明白，庆贺活动做得得体

[1] 转轮圣王就是佛教中常说的转轮王，转轮王是印度古代神话中的国王，据说此王即位时，自天感得轮宝，转其轮宝，威伏四方。佛教也采用其说，说世界到一定时期，有金、银、铜、铁四轮王先后出现，金轮王统治四大部洲，银轮王统治三洲，铜轮王统治二洲，铁轮王统治一洲。他们各御宝轮，转悠治境，故名。后来转轮王亦泛指有威德的国王。

[2] 参见[俄]阿·马·波兹德涅耶夫《蒙古及蒙古人》第一卷，内蒙古人民出版社1989年版，第543页。

隐蔽并又能让老皇帝感觉到，想来还是能够取悦这位饱经沧桑确实不易的老人的。所以不管是出于孝心也好，还是出于更深层次的政治目的，胤禛在康熙五十九年出资修缮了这座千年古刹，并将其改造成了需要的形制和规模，用来践行戴铎所说的那四个字“孝以事之”。更何况胤禛又比较喜欢这座寺院，因为他频来大觉寺。[1]总之，是以上的种种原因和历史背景共同促成了大觉寺在康熙末年的重修。

其实大觉寺与永佑寺、雍正与乾隆的共性还不止于此。历史总是有些惊人而又略带神秘的相似，但也因此而变得很有意思。如果将重修大觉寺的时间、建造永佑寺的时间以及雍正皇帝和乾隆皇帝的年龄做一下对比的话，雍正重修大觉寺和乾隆修建永佑寺时的年龄几乎都是四十一周岁。这父子二人在相同的年纪，做了同样的事情——修缮寺院，又说了几乎同样的话——康熙皇帝为无量寿佛转轮王现身，又几乎可能是为了相似的目的——因父祖而助厘资福，这是颇值得玩味的。苏轼曾作《贺德音表》，其中有“灵光下烛，庆新宫之落成；霈泽旁流，洗庶狱之多罪”两句，其中的“灵光”二字是在比喻帝王或圣贤的德泽。在这个研究主题中，灵光就恰似胤禛在碑记里所述的“光被一四”“圣慈天覆”了。在当时的胤禛或弘历看来，他们自身或大清国的福德不都依赖祖宗德泽余荫的庇佑吗。就好像大觉寺现存的一件匾额，作者已不可考，雕刻四字“灵光永佑”，因匾额出在大觉寺，就姑且理解为“永佑大觉”吧！

（二）雍正皇帝御制诗与大觉寺

《世宗宪皇帝御制文集》，这是今天能看到的最全的有关雍正皇帝诗词文赋的著作集成。在总目二中，这个文集的卷二十一叫《雍邸集》，在总目四中这一文集的卷二十八叫《四宜堂集》。《雍邸集》，顾名思义是雍正皇帝在做亲王时期作于雍王府的诗文集。《四宜堂集》，也许有人知道，大概在康熙四十八年（1709），三十二岁的胤禛受赐王爵号雍亲王，父皇还赏给他一处明代的园子，并赐名“圆明”，是为圆明园。想来雍亲王很喜欢这座园子，他自号圆明居士，据说他在圆明园的牡丹台首次让父皇见到了后来执掌大清帝国六十三年的弘历，也许正是牡丹台那次祖孙见面，改变了历史的进程，康熙皇帝无论在感情上还是政治上都喜欢上了这个孙子。除了这些，雍正即位后很长时间都在圆明园生活和处理政事。

[1] 参见《世宗宪皇帝御制文集》卷二十六《诗·雍邸集六》，《清代诗文集汇编》240，上海古籍出版社2010年版，第428页。

就在这座园子里，有处书房的名字就叫四宜堂，是雍正皇帝很喜欢的地方，乾隆皇帝曾解释四宜是“春宜花，夏宜风，秋宜月，冬宜雪，居处之适也”，也就是说这里四季皆宜。《四宜堂集》里收录了大量雍正登基后写作的诗文。

通观这两部诗文集的目录不难发现，有一个三字组成的名词在文集中，先后出现了三次。作为地标名，它的出现频率是绝无仅有的。即使是作为名词，也只有“怡亲王”这三个字出现频率在它之右。怡亲王允祥被雍正皇帝誉为“国家柱石”，在雍正皇帝心目中的地位恐怕几乎无人可比。那么这出现了三次的地名，必然在雍正皇帝心里有特殊的地位。因为雍正皇帝的诗，太少用地名做题目了，而怡亲王也与这个三字地名有些关联。这三字地名，就是大觉寺。

在文集中有三首关于大觉寺的诗。第一首写于做皇子时，名字就叫《大觉寺》；第二首亦是在皇子时代所作，叫《再过大觉寺》；第三首写于即位当皇帝时，叫《谒西山大觉寺》。雍正皇帝与大觉寺有很深的渊源，曾多次驾临大觉寺，那么雍正皇帝一共来过多少次，每次都是什么时间，又是因为什么，现在已难以说得非常清楚。幸好他留下来了这三首诗，尚有助于进一步思考和分析。

雍正御制诗文集的《雍邸集》和《四宜堂集》的诗文，都是以写作时间为序排列的，而写作的时间与造访的时间应大致相同。

先看第一首诗《大觉寺》，列在《雍邸集·五》。在这首诗之前有《清凉纪游一十四首》，“清凉”是指五台山，因为五台山又称清凉山。这十四首诗中，有两首最能让人一看便知，一首名为《真容院》，真容院是五台山著名寺院，据称文殊菩萨曾在此显现，工匠以文殊菩萨显现时的模样塑造了文殊菩萨像，故名真容院；另一首是《射虎川台麓寺》，康熙皇帝第一次巡幸五台山时曾一箭射死拦路的猛虎一只，此后射虎之处被称为射虎川，为纪念斯事，建寺名为台麓寺。据《圣祖仁皇帝实录》，康熙皇帝一生曾数次巡幸五台山，而皇四子胤禛随行只有一次，是在康熙四十一年（1702），《清实录》记载说康熙四十一年正月，“上行幸五台，命皇太子胤礽、皇四子多罗贝勒胤禛、皇十三子胤祥随驾”，大概在是年二月到达五台山。根据这条史料，大致能肯定胤禛作《大觉寺》诗的时间不会早于康熙四十一年（1702）。在《大觉寺》诗之后，有首名为《月夜泛舟》的诗，描写了一片江南景色，尤其最后两句“溯洄一片清光里，心会南华秋水谣”更能说明这首诗是在描写或纪念江南的景色。仍据实录记载，可以确知康熙皇帝再次带着胤礽、胤禛和胤祥三个儿子于康熙四十二年南巡，一路至江宁、苏州、杭州。

根据这条记载又能推断出，作《大觉寺》诗不会晚于康熙四十二年（1703），那就是在康熙四十一年到四十二年之间了。所以胤禛这次到访大觉寺应该是在康熙四十一年到四十二年，那时的胤禛已经有了多罗贝勒的爵位，距离他被封为亲王还有五六年的时间，而距他成为大清帝国的皇帝，则还有将近二十年的时间。

第二首诗名叫《再过大觉寺》。在这三首诗中，这一首的写作时间最难推断，盖因其前之诗大多写作时间不可考。在其后有诗集《园景十二咏》，是胤禛根据某个园子的景色写了十二首诗。雍正在皇子时期的园子并不多，比较有名的有热河避暑山庄的狮子园，有北京的圆明园。康熙赐给胤禛圆明园是在康熙四十八年（1709），这在前边已有叙述。根据有关学者的研究，雍正的《园景十二咏》大约是康熙五十八年（1719）前后所作。那么《再过大觉寺》这首诗大约应该作于康熙五十八年之前的几年，但最早不应超过康熙五十年（1711）。那时候的胤禛已经被封为雍亲王，并已经在章嘉呼土克图二世的引导下开始参禅，随后透过三关；那时候的胤禛已经借由柏林寺的打七法事结识了迦陵性音；那时的雍亲王胤禛也读过一封密信，作者是他的心腹，名叫戴铎，密信的内容是全面夺取储位的规划；那时候的胤禛虽贵为亲王，却自称“天下第一闲人”。也许正是因为这些原因，他的这首诗所包含的个中因由才显得比上一首略有不同，上一首是简单的描述，这一首则隐约透出了禅机；上一首更似闲云野鹤，这一首则领弦外之音。

第三首大觉寺诗的写作时间则容易判断得多，皆因他是雍正朝的一位重要人物，以及雍正皇帝对他深厚的无人能及的手足情，这人便是怡亲王允祥。允祥薨逝于雍正八年（1730）五月。对于十三弟的病逝，雍正甚为悲痛，有两点最能证明其痛，一是得知允祥去世的消息后，雍正辍朝三日，对于这位清代最勤政的皇帝来说，能让他做到三天不上朝处理政事，除了生病之外，恐怕其在位十三年中只有这一次；二是雍正这位傲骨天成的九五至尊超乎寻常地为允祥素服一个月，雍正皇帝更是在一年中先后两次为这位“忠敬诚直勤慎廉明”的贤弟作诗以示哀悼。人们常说“诗以言志”，雍正皇帝这次则是真情流露，“诗以言悲”了。第一次作诗当是在允祥薨逝不久，诗的名字为《哭怡贤亲王二首》和《怡贤亲王挽诗三十韵》，那么三首诗当是作于雍正八年五月或六月。第二次作诗是在允祥薨逝一周年时，这首诗好像没有题目，在诗前有很长的一句话：“年华迅速倏值端阳箱贡冰纨案陈角黍于颁赐诸王大臣之际念及吾弟怡贤亲王仙游已周一载不禁凄然涕下援笔赋此。”而雍正所作的第三首大觉寺诗恰好在这两次所作的诗之间，那么时间就可以锁定在雍正八年（1730）五月之后到雍正九年（1731）五月之前。而紧随大觉寺诗之后还有一首诗，名为《秋分前二日月下作》。凭借这首诗，几乎可以确定作诗的大致月份。秋分是农历节气之一，一般在农历八月，显然在雍正八年五月至雍正九年五月间，只有一个秋分，只有一个八月。那么雍正这首名《谒西山大觉寺》的诗当时作于雍正八年五月至八月间，也即雍正皇帝在这三四个月间游幸过大觉寺。

今天离大觉寺不远有个村子，名叫白家疃。根据资料记载，怡亲王允祥生前最有影响的地方就是该村。据称允祥非常喜欢这里的风土民情，甚至在这里建了别苑，作为憩息之所。此外，《世宗宪皇帝实录》中有这么一段话："及王病势渐加，力不能支。唯恐朕心忧烦，则称交晖园乃起病之所，暂且移避，遂养疾于西山。”这里的西山，指的应该就是白家疃村了。允祥薨后，他的别苑改建为祠堂。

这样，我们可以推测雍正再一次驾临大觉寺的可能原因了，因为十三弟的别苑就在这个西山；因为他这个十三弟曾代他传谕，命佛泉安继任大觉寺的住持；恐怕胤禛第一次造访大觉，也是因为他的十三弟吧！雍正这次带着一颗且悲痛且恭敬的心来到了大觉寺，所以诗的题目才显得庄重而与其他诗文不同，所以在诗中才会希冀梵钟的声音遥度御炉的烟，也许他还希望梵钟的声音能把他的思念带给贤弟。总之，雍正皇帝此次大觉寺之行，一定不同于以往。

爱新觉罗·胤禛，不算是个诗人皇帝，不过细想来，雍正也必不屑于诗人皇帝之名，他自述“不娴声律”，作诗只是“宴赏登临，触物寓感，有会而作，因诗记事，借以陶写性情而已”。他曾经在乎的，只是“闲人”二字，“闲人”生活曾经让他“既无庸皇皇于富贵，更不烦戚戚于贫贱，只期消融机巧，遂觉随处乐天，情之所寄又闲矣”，“闲人”生活恐怕又让他最终“恭承皇考托付之重，临御寰宇”。无论如何，雍正皇帝的御制诗对于大觉寺的历史研究而言，都是弥足珍贵的资料。

（三）雍正对大觉寺影响的延伸

大觉寺现存有清代乾隆皇帝御题匾额三块，一额题为“无去来处”，悬于大觉寺第三殿大雄宝殿正门之上；一额题为“动静等观”，悬于无量寿佛殿正门之上；第三额题为“憩云轩”，悬于大觉寺南路一座卷棚顶出厦建筑上。据清代《日下旧闻考》所载，大觉寺“寺内弥勒殿额曰圆证妙果，正殿额曰无去来处，无量寿佛殿额曰动静等观，大悲坛额曰最上法门，皆皇上御书”，另外书中还提到在大觉寺南路的四宜堂、憩云轩亦有匾额。《日下旧闻考》全名《钦定日下旧闻考》，为奉敕编写，成书于清乾隆四十七年（1782）。因属奉敕编写，若无年代特指，其书中“皇上”即是指当朝皇帝乾隆。由此可知，大觉寺原有乾隆皇帝题写的匾额多于现存，本文即拟对大觉寺中轴线所悬乾隆皇帝御题匾额的题写初衷加以考证梳理。

乾隆皇帝为什么会题写这些匾额，或许有人会说乾隆皇帝喜好风雅，喜欢吟诗作画，处处留下墨宝，这么说也不可谓不对。但乾隆皇帝毕竟是一国之君，是中国古代史上一位文治武功的政治家，对于他的理解，不能仅以道听途说而对其泛泛评价。若只认为乾隆皇帝一生大部分时间在风雅诗画中度过，这样只能是以偏概全，甚至是一叶障目，只看见次要的，而不见主要的。如果试着追寻其深层的原因，去理解乾隆皇帝赐给大觉寺的匾额诗刻，或许能从这为数不多的一二十字中体会乾隆皇帝的本意，识其初衷，还原历史的本来面貌。如此，我们可能会发现匾额的出处并不简单，匾额的用意也并不泛泛随意，乾隆皇帝也绝非一名简单的风雅好事之徒。

已是不见踪迹的“圆证妙果”，现存的“无去来处”“动静等观”，如果要解释它们的来源，那至少要追溯到二百多年前一套书的出版，这套书名叫《御选语录》。

语录出版的这一年是公历1733年，农历癸丑年，生肖为牛年。对于一般百姓而言，恐怕这一年与平时的年份没什么不同，而对于雍正皇帝而言，已是他执政的第十一个年头，经过多年与政敌的周旋甚至厮杀，他已经基本坐稳了皇位。辽阔的国境内虽不是四海承平，时不时需要皇帝下旨赈灾，[1]然而在偌大的国家里，天灾是正常的，只要平时准备充分，届时妥善赈灾即可。雍正皇帝也一如既往地节俭，正月二十五日他启程往遵化谒陵，二月初一日回京，途中见地方备水缸洒道清尘用，即召来按察使窦启瑛，问水费的开支来源，窦回奏系支用了预备钱粮。雍正不满，将窦交部议处，并发上谕：銮舆所过，即略有尘土，亦复何

[1] 正月初五日，命以川楚米谷调济江浙（《世宗宪皇帝实录》，卷一二七；《雍正朝汉文朱批奏折汇编》，二十三册，第911—913页）。正月初八日，命江南沿海恤灾拯困（《世宗宪皇帝实录》，卷一二七，卷一二八）。

碍？地方官于此等处过于用心，何不以此心用之于民生吏治？[1]这一年的二月初七日，刚过弱冠之年不久的皇四子弘历被封为和硕宝亲王，[2]开始正式参与军国要务。而弘历也早在雍正元年（1723）的八月被雍正皇帝秘密地立为皇储，国本已无虚悬之虞。雍正皇帝似乎也有了些闲情逸致去重拾皇子时代的喜好，研一研佛经内典了。况且雍正皇帝在即位后“尝告近臣欲治释法十载，而后开明释法”。[3]就在这一年的上半年，雍正皇帝以及召集来的王、大臣、僧道共十四人编写出版了《御选语录》。

之所以要编写《御选语录》，雍正皇帝有自己的说法，这在《御选语录》御制序与御制后序中有明白表述。雍正说“朕少年时喜阅内典，惟慕有为佛事，于诸公案总以解路推求，心轻禅宗，谓如来正教不应如是”，[4]年少时的胤禛并不喜欢禅宗理论，直到后来遇到章嘉呼土克图，将胤禛引入禅宗的法门，因此章嘉呼土克图被胤禛称为“证明恩师”。[5]

章嘉呼土克图也被称作章嘉活佛，章嘉活佛原是青海互助佑宁寺五大活佛系统之一，[6]是备受清廷尊崇的藏传佛教四大活佛之一，与达赖、班禅、哲布尊丹巴相提并论，分管京城及漠南蒙古地区宗教事务，尤其是二世和三世章嘉活佛，在他们长期的宗教、政治生涯中，不仅翻译佛经，广建寺院，在宗教、文化事业上做出了杰出的贡献，同时奔波于大漠南北、雪域高原，参与解决了许多民族、宗教问题。[7]在雍正朝，章嘉活佛系统甚至还被抬至达赖、班禅和哲布尊丹巴活佛系统之上，可见章嘉活佛对于清代统治的重要性，而雍正所认定的“证明恩师”即是二世章嘉活佛。被这样的高僧调教过，并且自身又有很多年对禅宗的真参实

---

[1] 参见《清实录》第八册《清世宗宪皇帝实录》(二)，雍正十一年正月壬子条，中华书局1985年版，第669页。

[2] 参见《清实录》第八册《清世宗宪皇帝实录》(二)，雍正十一年正月己未条，中华书局1985年版，第671页。

[3] 参见中国人民大学清史所编《清史编年》卷四，中国人民大学出版社2000年版，第568页。

[4] 参见[清]雍正编著，史原明主编《雍正御制佛教大典　御选语录》下，中国社会科学出版社2004年版，第1217页。

[5] 参见[清]雍正编著，史原明主编《雍正御制佛教大典　御选语录》下，中国社会科学出版社2004年版，第1218页。

[6] 参见陈伯萍《清代章嘉活佛的地位和影响》，《青海民族学院学报（社会科学版）》第33卷第3期，2007年7月。

[7] 参见秦永章《二世章嘉活佛及其政治活动述略》，《中央民族大学学报（社会科学版）》1999年第6期。

悟，已透三关的雍正，对自身的禅学修养有很高的信心。而他对当时流行的各种禅师语录并不满意，《指月录》《正法眼藏》《禅宗正脉》《教外别传》等书，所选古德语录，在雍正看来皆错杂不堪，所谓“蝌蚪与神龙并游，野狐与狮子齐吼”，其中虽不乏本分之语，但所选非精，亦有不少下品滑利语，初学者极易被导入歧途。[1]雍正编选语录显示出他本人的禅学见地。在《御选语录》的诸篇序言中，雍正阐明了自己选录的原则：对历代禅师，不重虚名浪誉，唯看其是否达真实理地；对历代禅语不迷美词佳句，只看其是否从性地流出。若禅语确实透露本分，禅师有真参实悟，则力求收录无遗。[2]雍正皇帝已是参学有得，再加上他选人得当，似乎没有费多大力气，《御选语录》便刊刻印行了。付梓出版之日，必然有许多皇帝身边的学佛之人得到御赐的《御选语录》，这些人里也必然包括一位号为“长春居士”的年轻才子，他便是后来的乾隆皇帝。

公历1747年，岁次丁卯，这一年乾隆皇帝三十七岁，转眼间他已经登上皇帝宝座十二年了。在这十二年中，外表的风光并不能掩饰历史的车轮从他身边带走的很多。雍正十三年的八月，父皇崩亡在圆明园；乾隆元年九月，他最敬爱的老师朱轼也永远离开了他；乾隆三年，他最钟爱的儿子已秘立为皇储的皇二子永琏夭折……

清代皇帝强调敬天法祖，强调一种敬畏之心。那么对于天的敬畏，就体现在诸如祭天奉神的种种仪式中，若遇久旱不雨，则常常祈雨。京城西北的黑龙潭，在清代一直是祈雨重地，几乎每年皇帝都会遣官或亲自到黑龙潭祈雨祈晴。乾隆皇帝曾作黑龙潭诗：“灵湫神所宅，澄波深且滢；利民功久著，泽物诚斯灵……”

乾隆十二年（1747）五月的一个早晨，乾隆皇帝赴京西黑龙潭祈雨，这是一个皇帝对黎民百姓应尽的责任。这个早晨乾隆皇帝应该很高兴，仪式完毕便下起了雨，已号称长春居士多年的乾隆皇帝自然地想起来离此不远有座寺院，名曰大觉，一道谕旨，御驾前往大觉寺。关于这段历史，有诗为证：“灵渊谢神贶，古寺问佛津。趁此山路便，况逢雨霁辰……”[3]值得注意的是诗中那个“辰”字，代表了多重含义，“辰”一般笼统指清晨，准确指辰时，即上午七点至九点，此外，“辰”字还可以引出另外一重含义，即本命年，在风水学上也被叫作命犯太岁。

[1] 参见张文良《雍正皇帝与〈御选语录〉》，《法音》1993年第3期。

[2] 参见张文良《雍正皇帝与〈御选语录〉》，《法音》1993年第3期。

[3] 参见[清]高宗弘历《御制初游大觉寺诗》，清乾隆十二年石刻，现立于北京西山大觉寺憩云轩后。

简单地说就是一个人出生时的属相，恰好和本年属相相同就被叫作“太岁相同”，民间称为犯太岁也称作是本命年，诗曰：太岁当头坐，无喜恐有祸。乾隆十二年，丁卯年，兔年，是乾隆皇帝的本命年，不知他对此有何感想。况且，不仅有本命年的十二年，还有“诸事不顺”的十三年。乾隆登基之初，看过皇帝“八字”的命相家预言乾隆十三年（1748）会诸事不顺，日后乾隆皇帝也说过：“朕御极之初，尝意至十三年时国家必有拂意之事，非计料所及者。”[1]故而乾隆皇帝在临近他的十三年的时候，不会不小心翼翼，想来也会常存祈福避祸之心。无论如何，皇帝来到大觉寺时的心情是愉悦的，因为他在诗中写道：“阳台最高峰，未到意已欣。迤逦入林庐，便舆步法门……”[2]有欣欣然的心情，所以才能迤逦而行。大觉寺内有块碑，其阴面碑文刊刻于清乾隆十二年，碑文中有“朕因诣龙潭，近望西峰兰若，大觉寺者金清水院故址……”明确记载了乾隆皇帝这次趁山路之便的大觉之行。

公历1768年，岁在戊子。乾隆三十三年，乾隆皇帝早已是个成熟的政治家，大清帝国已在他手中运行了半个甲子，虽然当年二月用兵缅甸因轻敌而败，六月两淮盐政贪污案发，让皇帝骇异恼火，但这所有的所有并没有阻挡皇帝的游兴，或许皇帝想出来散散心，于是黑龙潭祈雨之后，再次来到西山之大觉。自乾隆十二年（1747）初游大觉寺后，皇帝便成了大觉寺的常客。我们在存于大觉寺后山的乾隆御制诗石刻上可以看到，乾隆皇帝至少在十三年（1748）、十五年（1750）、三十一年（1766）等多次游幸这座寺院，当然多次的造访并不妨碍他再来“拟参大觉旨”，[3]也许“旨”是可以常参常新的。

来到大觉寺，似乎总能让乾隆皇帝心情很好。这次他诗兴大发，作诗数首，又写楹联多副，完成了他当天的诗画任务。[4]在那天的御制诗当中，有一首绝句总会吸引人的眼球，这首诗名为《四宜堂》。在这首诗中他想起了去世多年的父皇，想到了色与空、生与灭，这一切都寓于春夏秋冬之中了。且看全诗以及诠释：

[1] 参见郭成康《乾隆大帝》，中国华侨出版社2003年版，第270页。

[2] 参见[清]高宗弘历《御制初游大觉寺诗》，清乾隆十二年石刻，现立于北京西山大觉寺憩云轩后。

[3] 参见[清]高宗弘历《御制初游大觉寺诗》，清乾隆十二年石刻，现立于北京西山大觉寺憩云轩后。

[4] 乾隆皇帝生平喜欢作诗，据乾隆前叶曾任内阁中书、军机章京，后成进士授编修的赵翼在《檐曝杂记》卷一《圣学二》中记载：弘历每天阅折、召见、引见官员完毕，或作书，或作画，而诗尤为常课，日必数首，皆用朱笔作草，令内监持出，付军机大臣之有文学者，用折纸楷书之，谓之诗片。……余直军机时，见诗片乃汪文端、刘文正所书，其后刘文定继之。由诗片钞入诗本，则内监之职。迨于文襄供奉，并诗本亦手自缮写矣。御制诗每岁成一本，高寸许。

“佛殿边旁精舍存，肃瞻圣藻勒楣轩。四宜春夏秋冬景，了识色空生灭源。”[1] 诗的开篇像一幅图画，佛殿之旁有精舍，即指大觉寺大雄宝殿和无量寿佛殿南侧的四宜堂。四宜堂之名乃雍正御赐，四宜一般被理解为春夏秋冬四季皆宜。雍正皇帝显然很钟爱这个名字，其文集之一即名《四宜堂集》。当然此四宜堂非彼四宜堂，雍正年间，大清国四宜堂不止一座，最有名者当属圆明园内的那座，那是雍正皇帝心爱的书房。清代《日下旧闻考》里记载：“寺旁精舍内恭悬世宗御书额曰四宜堂，皇上御书额曰寄情霞表……”[2] 可知当年大觉寺四宜堂上悬挂着雍正皇帝题写的匾额，正与诗的第二句相合，圣藻是指帝王的文辞。对于已经是一国之君的弘历而言，此时在大觉寺内能让他“肃瞻”而又“勒楣轩”的圣藻，就是父皇当年御笔题写的“四宜堂”匾额了。在大觉寺，他找到了对父皇的思念，他把对父皇的思念寄托在了大觉寺这远离尘俗之处，于是四宜堂里便多了一块匾：“寄情霞表。”[3]

然而，自乾隆十二年（1747）年乾隆皇帝初游大觉寺之后，他留给大觉寺的不仅是这些诗句，这并不足以表达他对其父的深情。

乾隆十二年，乾隆皇帝下令重修了大觉寺。也许这次重修大觉寺的种子在二十七年前就种下了，那年弘历九岁，已经是记事的年纪了。除了在老夫子的指导下读书，他还看见父王常常与僧人参禅论道。如果准确追溯时间，可能是康熙五十九年，那一天，雍禛郑重地为一名心爱的和尚，做了一篇文章，以纪念送他到一个寺院里做方丈。这个和尚，名性音，号迦陵。

大觉寺重修完毕之日，可谓礼节隆重，群贤毕至。当然，在《送迦陵禅师安大觉方丈碑记》碑之阴，又多了一串新增的刻痕。这串刻痕有名字，叫《御制重修大觉寺碑文》，该段文字与碑阳之文结构类似，而对于雍正皇帝的称颂，则较之碑阳雍正对康熙皇帝的称颂有过之而无不及。此面碑额为“香界长新”，意即期望这座伽蓝圣地能够常修长新。

正文首句为“朕惟圣王御世，弘济群生，其与慈氏能仁普利人天，功德不可

---

[1] 参见[清]高宗弘历《四宜堂》(诗)，清乾隆三十三年。

[2] 参见[清]于敏中等《钦定日下旧闻考》，北京古籍出版社1983年版，第1764—1765页。

[3] 现今此匾已无，见记载于《钦定日下旧闻考》：“寺旁精舍内恭悬世宗御书额曰四宜堂，皇上御书额曰寄情霞表……”

思议，迹虽殊而心源则一”。[1]

圣王，最早见于《礼记·冠义第四十三》：“冠者，礼之始也，是故古者圣王重冠。”[2]又见于《左传》:“夫民，神之主也。是以圣王先成民而后致力于神。”[3]可知“圣王”在古代指德才超群、达于至境堪做楷模之帝王。慈氏，为弥勒菩萨梵语Maitreya的意译,被佛教尊为未来佛,现居于兜率天宫。南朝（梁）慧皎:“后憩荆州上明寺，单蔬自节，礼忏翘勤，誓生兜率，仰瞻慈氏。”[4]能仁，为释迦牟尼梵语的意译，《修行本起经》卷上：“佛告童子，汝却后百劫，当得作佛，名释迦文。（原注：汉言能仁）……于是能仁菩萨以得决言，踊跃欢喜。”[5]《魏书·释老志》中说:“所谓佛者，本号释迦文者，译言能仁，谓德充道备，堪济万物也。”[6]心源即指心性,佛教视心为万法之源,故有此称。唐代元稹曾有《度门寺》诗:“心源虽了了，尘世苦憧憧。”诗中心源也是指心性。

那么碑文第一句话意为：朕（乾隆皇帝）以为德才超群的圣主治理天下，广为救助苍生。这与弥勒佛、释迦牟尼佛悲天悯人的不可思议功德相比，虽然做法方式不同，但根本的心性是别无二致的。

接下来又说“佛经所云过去诸佛往往示现转轮，以世法乂安天下，复以宗旨接引诸方延续慧命者，盖只起期万善之同归而已”。

示现，是佛教用语，谓佛菩萨应机缘而显现种种化身。在经中之王《华严经》中有“勤行不息，善能示现种种神通”[7]的说法。转轮，参考碑文中有“法王显现化导”之语，在此应指佛教中所称的转轮王或转轮圣王。晋代法显在《佛国记》中曾述：“我是女人，何由得先见佛？即以神足，化作转轮圣王，最前礼佛。”唐代玄奘在《大唐西域记》中也说到“依先圣之记，考吉祥之应，在家作转轮圣王，舍家当成等正觉”。[8]世法，佛教称达到超脱生死境界之法为出世法，《华严经·世

[1] [清]高宗弘历撰文，庄有恭正书《御制重修大觉寺碑》，刻于清乾隆十二年，碑现立于大觉寺南碑亭内。

[2] 参见《四书五经》，中华书局2009年版，第455页。

[3] 参见《左传译注》卷二《桓公》，上海三联书店2013年版，第18页。

[4] 参见《高僧传》《义解二·晋荆州上明寺竺僧辅》，陕西人民出版社2013年版，第262页。

[5] 参见《修行本起经》，永乐北藏整理委员会编《永乐北藏》第62册，北京线装书局2008年版，第431页。

[6] 参见《二十五史·魏书》卷一百一十四，上海古籍出版社1986年版，第2504页。

[7] 参见《华严经》卷三十四《十地品第二十六之一》，楼宇烈编《中国佛教思想资料选编》，第4卷，第1册，中华书局1992年版，第442页。

[8] 参见[唐]玄奘撰，周国林注译《大唐西域记·劫比罗伐窣堵国》，岳麓书社1999年版，第312页。

主妙严品》中谓“佛观世法如光影”。相对出世法，一切生灭无常的事物被称作世法，也可以理解为社会沿用的习惯常规。汉代桓宽《盐铁论》有“居则为人师，用则为世法”[1]之说。乂安，即太平、安定之意，西汉司马迁《史记•孝武本纪》中说：“元年，汉兴已六十馀岁矣，天下乂安。”[2]宗旨，指佛教教义。清代陈康祺在《郎潜纪闻》中说：“章皇帝万几之暇，时召木陈、玉林诸禅僧，讲究宗旨。”[3]慧命，有两层意思，一指弘传的佛法，因佛教以智慧为法身的寿命，智慧夭则法身亡，故云慧命。宋代张商英著有《护法论》，其中有“如斯人也，使之侍君，则佞其君，绝佛种性，断佛慧命”一说。清代钱谦益《毛子晋六十寿序》里也说“吾友萧伯玉、范质公议藏《大藏》方册，子晋誓愿荷担，续佛慧命。皮纸骨笔，不遑恤也”。一为僧人的尊称，唐代道宣《四分律行事钞》卷下有云：“下座称上座为尊者，上座尊下座为慧命。”碑文中“万善之同归”则更属扣题之句，之所以扣题，是因为“万善同归”是唐末五代永明延寿禅师所提倡，主要指禅教一致和诸宗融会，[4]认为“万善悉向菩提，众行咸归种智”。《御选语录》卷七即是《妙圆正修智觉永明寿禅师集》，雍正称永寿禅师为“曹溪后第一人，超出历代大善知识者”[5]。

综上所述，碑文第二句话意思为：佛经中所说过去诸佛菩萨常常会以转轮王的形象显现，先是以世俗的行为方法来安定天下，然后以佛法宣示教化四方并使佛祖的教化延续，希望众生能殊途同归，取得正道。

接下来碑文里说“我皇考福慧两足，镜智圆明，自潜邸时，深究宗乘，证悟无上了义。御极抚辰，海内清和咸理，乃于机暇选古德语录，开示津梁”。

福慧两足，指福德与智慧俱足。隋炀帝《遣使入天台山为智顗建功德愿文》：“设以辩才，千万亿偈，赞师福慧，终不能尽。”

镜智圆明，佛教用语，彻底领悟，唐代玄奘在《大唐西域记•劫比罗伐窣堵国》中记载：“今产太子，当证三菩提，圆明一切智。”[6]潜邸，即尚未即位时，或即位前的住所。清代龚自珍《为龙泉寺募造藏经楼启》：“又诏以潜邸之雍和宫为

[1] 参见《盐铁论校注》卷五《相刺第二十》，中华书局1992年版，第256页。

[2] 参见《史记》卷十二《武帝本纪第十二》，中华书局2008年版，第356页。

[3] 参见《郎潜纪闻》卷十二。

[4] 参见道坚《永明延寿的万善同归论》，佛教导航网·五明研究·佛学杂论。

[5] 参见[清]雍正编著，史原明主编《雍正御制佛教大典　御选语录》上，卷七，《妙圆正修智觉永明寿禅师集·御制序》，中国社会科学出版社2004年版，第235页。

[6] 参见[唐]玄奘撰，周国林注译《大唐西域记·劫比罗代窣诸国》，岳麓书社1999年版，第313页。

奉佛处，以大臣专领之。”了义，亦是佛教用语，意为真实之义，最圆满的义谛。吕澂在《中国佛学源流略讲》第九讲说过：“《华严》是了义的，一乘的，可谓最究竟了。”古德，佛教徒对年高有道的高僧的尊称。《景德传灯录•诸方广语》:“先贤古德，硕学高人，博达古今，洞明教网。”《初刻拍案惊奇》卷二十八：“若非仙官谪降，便是古德转生。”津梁，比喻济度众生，南朝（宋）刘义庆《世说新语·言语》：“庾公尝入佛图，见卧佛，曰：‘此子疲于津梁。’”《敦煌变文集·维摩诘经讲经文》：“若要抛离生死乡，须知内外作津梁。”

那么这段话是说：我父皇雍正皇帝福德与智慧俱足，具有大圆镜智，未即位时，就已经在深入研究参悟佛法，参悟了最圆满的义谛。即皇位后，父皇兢兢业业，国家清静和平，在闲暇之余，从得道的高僧大德语录中甄别选辑，编纂了《御选语录》，以求济度众生。

综上所述，乾隆皇帝先是叙述佛教中转轮王的理论，而后指出雍正皇帝已然参悟佛法，并选辑《御选语录》，从而把雍正皇帝推向了转轮圣王的高度。

接下来的碑文中乾隆皇帝认为雍正皇帝广种善根，其功德就像如来身坐道场一样，济度众生，保护一心向佛者。而后说明自己去黑龙潭祈雨，顺便前来大觉寺，大觉寺是金代清水院故址。康熙五十九年（1720），在父皇雍正皇帝推荐下，迦陵性音任大觉寺住持，雍正还御制碑文以示恩宠。待性音圆寂后，又命性音的徒弟在大觉寺为其建塔。

又说“慈恩眷顾，圣迹攸昭。而积岁滋久丹服剥落。爰加修葺，工既告竣，勒石以纪岁月。俾尔后住山大众时念法王显现化导因缘，与国家累业护持正教，振起宗风之至意云”。慈恩，一般指上对下的恩惠，与之类似的有《三国志•蜀书•刘琰传》中的“间者迷醉，言有违错，慈恩含忍，不致之于理”[1]。圣迹自然是指先帝雍正所撰写的《送迦陵禅师安大觉方丈碑记》。可能自康熙五十九年（1720）雍正出资修缮之后，大觉寺再未大规模整修过，所以乾隆皇帝游览大觉寺时，寺院已显破败，因此下令修葺，至当年十一月工程告竣的时候，亲自撰文并命令兵部侍郎庄有恭[2]书丹勒石以作纪念，期望此后于大觉寺修行之人能时时念及雍正皇帝作为转轮法王护持佛教，并为推动禅宗发扬光大所起的重要作用。

依照传统，庙宇殿堂修葺完成后，皇帝多会龙飞凤舞写上一些字御赐匾额以

[1] 参见《二十五史·三国志》卷四十，上海古籍出版社，第1186页。

[2] 庄有恭是清乾隆四年钦点状元，书法造诣极高。

示恩宠。时至今日，还能看到“无去来处”“动静等观”和“憩云轩”这三块穿越了近三百年时光呈现在我们面前的匾额。

既然要御赐匾额，并且是赐给先皇喜好之兰若胜地，那所赐匾额就不能不费心思，若随手即写福寿绵长之类的词，不但显得俗气，而且不能延先皇之志。那么写什么呢？先帝雍正似乎在十多年前就已经为爱子准备好了素材，乾隆皇帝似乎也在自然而然中为自己这一题划定了答案范围，那就是雍正皇帝在雍正十一年（1733）编纂的《御选语录》，这部书涵盖了禅宗大量思辨的文章，当然，其中还包括那位自称圆明居士的皇帝的诸多自得之作以及数篇统御全书的序言。从这部书中选出御赐的佳句，或根据书中的思想写出佳句，一可以避免字词流于俗气，二可以攸昭先皇雍正的遗志，三可以表明雍正乾隆父子一心，无论是对大觉寺的修缮，还是思想指导，当今圣上和当年先皇别无二致。再者，乾隆十二年（1747）时住持大觉寺的僧众仍是性音一支法脉，选择《御选语录》之词汇，恐亦有深意，暗示僧众应谨遵转轮法王之开示津梁，这一点在乾隆撰文“俾尔后住山大众时念法王显现化导因缘，与国家累业护持正教，振起宗风之至意云”之时就已经埋下伏笔了。长春居士想得很周全，如此一来，大觉寺内数块乾隆御赐匾额便诞生了。

先来看第一块，如果能回到百十年前，进入大觉寺山门就能看到天王殿上悬着一块匾，四个大字“圆证妙果”。什么意思，翻开雍正皇帝的《御选语录》，有一篇总序，而后每卷都会有序一篇，略加点评。总序不长，言简意赅，作于“雍正癸丑四月朔日”[1]。前边已经叙述过，雍正十一年是癸丑年。中国旧历里将每个月的第一天称作朔日，所以，这篇序言写于雍正十一年四月初一日。读完这篇序言，我们很快会发现雍正有两句论述了净土宗与禅宗的关系，原话是这样写的:“至于净土法门，虽与禅宗似无交涉，但念佛何碍参禅？果其深达性海之禅人，净业正可以兼修，于焉随喜真如，圆证妙果。”最后四个字，正是天王殿上所悬匾额的内容，正是雍正皇帝为乾隆皇帝准备好了的。雍正皇帝这一提法就是前文所说的“万善悉向菩提，众行咸归种智”，禅宗一致和诸宗融合，只差没有点明永明延寿禅师了。而乾隆在御制碑文中已经说过“盖只起期万善之同归而已”，万善同归，似乎也早有暗示。

穿过天王殿，为大雄宝殿，正门上方悬有“无去来处”匾额。读完总序，就

[1] 参见[清]雍正编著，史原明主编《雍正御制佛教大典　御选语录》上，中国社会科学出版社2004年版，第3页。

会看到卷一，名为“大智圆正圣僧肇法师论”。僧肇是东晋年间人，而禅宗一般被认为始于南朝，僧肇早于禅宗，却被推为禅师，切居首位，确实非同一般。对此，前辈张文良在《雍正皇帝与〈御选语录〉》一文中曾有非常精辟的论述，在此暂且借来一用，以表此卷之特殊。

《正集》收录的第一人不是历代推崇的大禅师，而是僧肇，确实出人意表。僧肇(384—414)，东晋僧人，鸠摩罗什弟子，曾参加鸠摩罗什译场，评定经论，并著《般若无知论》等，被称为“解空第一”。但一般认为中土禅行始于达摩，达摩之前，中土未闻教外别传之旨，故僧肇等虽道行超绝，见地逸伦，亦难列祖席。而雍正阅《肇论》诸篇，赞叹不已，认为非深明宗旨、了彻本源者，不能如此，遂加封僧肇“大智圆正圣僧”之号，并将《肇论》《宝藏论》选入《御选语录》。佛法的根本在般若，禅宗的根本亦在般若。僧肇所著《般若无行论》《涅槃无名论》等，句句深达佛心，言言备通众教，虽无宗乘之名，而有直探心源之实。雍正此举不仅显示了卓越的见识，而且是对当时禅宗中人动辄横分疆域、竖判古今陋习的匡正。[1]

如此一来，僧肇的语录，便成为雍正《御选语录》有别于其他禅宗语录的一大特点。在《肇论·物不迁论第一》中，有这样一句话：“《摩诃衍论》云：‘诸法不动，无去来处。’”这正是“无去来处”匾的出处。其实在其他典籍中，也可以发现这四个字的踪迹，比如《金刚经》有云：“如来者，无所从来，亦无所去。”[2]雍正皇帝曾经做过一首诗，叫《觉生铭》，其中有“本无来去，岂有终初？……如来如来，如是如是”[3]等句子。虽然也有“无去来处”的痕迹，但总不如《物不迁论》来得直接，并且乾隆皇帝也必然读过。

在大雄宝殿之后，是无量寿佛殿，殿上悬有“动静等观”匾额。从哲理看，这四字更加突出，其根源也是《物不迁论》，因为《物不迁论》的中心思想就是讨论动与静的关系。当然，在僧肇看来，崩裂着的巨峰处于静止，奔腾着的江河没有湍流，飘荡着的尘埃并非运动，经天的日月未曾巡回。世界事物看起来在那

[1] 参见张文良《雍正皇帝与〈御选语录〉》，《法音》1993年第3期。

[2] 参见王全心编《解读金刚般若波罗蜜经》，宗教文化出版社2011年版，第213页。

[3] 参见[清]雍正编著，史原明主编《雍正御制佛教大典 御选语录》上，《和硕雍亲王圆明居士语录》，中国社会科学出版社2004年版，第530页。

里飞快地旋转，但是实际上却没有变动。因为“动”只是与“静”相对的一种假象，若站在纯哲学的高度上，透过假象看本质，撇开动静的相互关系，就无所谓动与不动了。很明显，僧肇《物不迁论》的思想核心是在说一种抽象的静止，而乾隆皇帝题写了“动静等观”，意思是说动和静是一样的，都是核心，没有分别。从这个角度看，乾隆皇帝似乎比僧肇更高了一层境界，在《物不迁论》已经为主的基础上，向前迈了一步。其实其父雍正皇帝早就有类似的论述了，雍正把这个观点写在了一首诗里：“动静原一体，是非无二心；不空亦不有，无古亦无今。”[1]到这里，我们大概就可以明白了，“动静等观”与其说出自《物不迁论》，不如说是出自《御选语录》，或说出自《御选语录》中的《物不迁论》等文章，这样倒是更符合乾隆皇帝题匾额的初衷。如果《御选语录》中未曾选辑僧肇大师的文章，那么“无去来处”和“动静等观”等匾额会不会被题写亦未可知。这几块匾不但是乾隆皇帝一人所题，更可以被视为雍正、乾隆两代皇帝对于佛教的共同理解，加以乾隆皇帝对其父的追思所诞生的。

除去“圆证妙果”“无去来处”和“动静等观”，大觉寺中轴线建筑大悲坛上尚有“最上法门”一匾，据记载曾为乾隆皇帝御题，现今已是改为“醇亲王敬书”，从“敬书”二字看，原大悲坛上可能确实悬有乾隆所题之同样内容匾额。至于这四个字究竟又是从哪里来，是否也与《御选语录》有关，限于笔者学问，还是未知，暂不论述。

三、雍正皇帝与少林寺

如果说胤禛当年信佛，是为了掩饰自己夺储的祸心，硬要扮成天下第一闲人，迷惑康熙老皇帝，那么如今的胤禛已是坐稳江山的雍正皇帝了，不必大费周章地亲近佛教了。然而胤禛的行为确实出人意表，或者说他从一开始就对佛教对禅宗真的崇信有加，而今依旧初心不改。雍正十三年（1735），胤禛又开始修缮寺庙了。天下之大，寺院不计其数，而这些寺院中，他最属意的是少林寺。

雍正十三年的一天，河东总督王士俊递了一个折子，奏覆南阳忠禅师敕封等事宜，并在折子中提到修缮相关寺院云云。不承想却在发回的折子上看到了一段意外的朱批，雍正在折子上批道：“此寺暂可不必过于照看也。豫省少林寺，乃

[1] 参见[清]雍正编著，史原明主编《雍正御制佛教大典　御选语录》上，《和硕雍亲王圆明居士语录·彻论》，中国社会科学出版社2004年版，第595页。

初祖达摩之首刹，闻颓废不堪，此寺修建一大丛林。”[1]皇上竟然没有直接回答自己所问寺院应该怎么修，反而把眼光放在了河南境内的少林寺，并希望修缮。雍正还怕自己所批“一大丛林”的概念不明确，还附加写道：“即动用一二万金亦不为多。可详细酌定，绘图请旨。”[2]

士为知己者死，对于王士俊而言，重用他做封疆大吏的雍正皇帝可谓是知己者了，所以在看到雍正的朱批后，王士俊迅速发檄文调署南汝道南阳府知府程秉礼到河南省城巡抚衙门，向他宣读了雍正的训旨，并委派程秉礼亲自到少林寺调查情况，并要求提出修缮方案。

程秉礼是雍正八年（1730）补授的河南知府，“人甚明白，气度从容。将来有出息之人，然亦不似大才。上下”[3]。月余，程秉礼再次来到省城进见王士俊，提交了他的少林寺调查报告，报告说：“少林寺岁久失修，今僧众士民恭闻恩旨，悉皆踊跃欢庆，莫可名状。随率同各项工匠细筹，确估其应新建拆修者，约一十九处，补修增旧者约五六处。殿堂门庑务极巍森，丈室僧寮各期整肃。圆光宝相仍备庄严，满月金容悉还璀璨，垂万年之久。不徒粉饰为华，矢寸丹之诚，求副尊崇实意。先定规模，次加细核，成料大木，本山左近尚足采取。琉璃瓦片本山空地可以砖烧，并于寺中荫脉无碍。约共费银一万九千二百余两。”[4]

王士俊非常了解雍正皇帝十分注重节俭，所以最后还特别小心地向雍正奏称：“一应工费价值，臣再加意核实减省，不使丝毫浮冒。”[5]借此来表示他与皇上同心，同样节俭。

王士俊于雍正十三年（1735）四月二十六日具折上奏，雍正接到奏折后未做朱批，却找来了他心爱的军机大臣——大学士张廷玉，草拟并发布了一条上谕。上谕中称：

据河东总督王士俊奏称，豫省少林寺岁久失修。今委员相度确估，重加修建，绘图呈览等语。朕览图内有门头二十五房，距寺较远，零星散处，俱不在此寺之内。向来直省房头僧人，类多不守清规，妄行生事，为释门败种。今少林寺即行

---

[1] 中国第一历史档案馆，档案号：04-01-37-0002-003。

[2] 中国第一历史档案馆，档案号：04-01-37-0002-003。

[3] 参见中国第一历史档案编《清代档案史料丛编》第九辑，中华书局1983年版，第107页。

[4] 中国第一历史档案馆，档案号：04-01-37-0002-003。

[5] 中国第一历史档案馆，档案号：04-01-37-0002-003。

修建成一丛林，即不应令此等房头散处寺外，难于稽查管束。应将所有房屋俱拆，造于寺墙之外左右两旁，作为寮房。其如何改造之处，着王士俊酌量办理。至工竣后，应令何人住持，候朕谕旨，从京中派人前往。钦此。[1]

其实雍正这次整修少林寺的意图并不完全是因为少林寺是禅宗祖庭，而是想借此整顿禅宗以及少林寺周边存在的门头，这些门头以习武为主，且并不十分遵守禅宗的清规戒律，随时可能成为社会动荡、民间滋事的温床，根据雍正的朱批，所谓的直省应该已有先例，那么怎么处理少林寺的门头呢，得有个由头。自己主动提出整顿，似有不妥。正好王士俊具折要求修某个寺院，雍正皇帝抓住这个机会批下了要求修缮少林寺的朱批，并要求“详细酌定，绘图请旨”。既然要绘少林寺的现状图，那么必然会绘上门头院落的状况，那样就好做文章了。果不其然，王士俊非常实在地把少林寺及周边建筑院落情况彻底绘画详细奏报。雍正自然会看到图上那些斑斑点点、星罗棋布于少林寺周围的“门头”，想来王士俊也会把门头都给标注清楚。那么接下来怎么办呢，再写朱批，指令王士俊处理整顿门头就有些不合时宜，亦不能显得正式。所以王士俊于雍正十三年（1735）四月二十六日的奏折上才没有任何雍正的朱批。雍正召来了他的军机大臣们，面谕此事。召来的大臣有大学士鄂尔泰、张廷玉，以及内大臣海望。雍正对伏在地上的军机大臣口述了那篇上谕，命他们承旨书谕，寄给还蒙在鼓里的王士俊。

雍正十三年（1735）有两个四月，闰四月十三日，负责河东总督王士俊奏折事宜的把总回到了河南，将装有廷寄的匣子交给王士俊，王士俊看到了由鄂尔泰、张廷玉和海望寄给他的谕旨，也就是以上那篇上谕。收到廷寄，王士俊绝不敢怠慢，但也觉得圣上多少有点过于敏感，认为直隶的和尚房头们不守清规，河南的房头也会一样，颇给人一种天下乌鸦一般黑，且要一棒子打死的感觉。王士俊本来也有些恃才傲物，傲气中还掺杂了些许倔强。况且他心中本就隐隐对皇上“耍弄手腕”整修少林寺有些不满和郁闷，于是王士俊倔脾气一来，提笔给雍正回了一封奏折进行辩解。本来王士俊的想法并不错，他是地方官，应该也更了解地方情况，雍正远在京畿，仅从绘图判断，哪能准确。况且当时的绘图技术还不太讲比例尺之类的科学方法，可能确实把门头绘得离少林寺远了点；再加上雍正本来就是想整顿少林门头，正好以此开刀。王士俊以为为人臣子，应当禀明直言，使

[1] 中国第一历史档案馆，档案号：04-01-37-0002-005。

主上清楚真实情况，故而进行辩解也是本分贴切的。

在奏折中，王士俊说自己已然“仰见”雍正“圣明洞照，整肃禅规至意”[1]。就是说，皇上要整顿禅林寺院、要整顿少林寺，虽然没有明说，但他已经知道了。但是后边王士俊接着写少林寺门头有二十五房，经过查实，这些僧人虽然散居寺外，但如果论起支派来，他们还是属于少林寺。之所以到寺外另起炉灶修建门头，是因为几百年来历代住持退休之后，出于养静憩息的原因，就在少林寺山门外修建了很多小庵。原住持去世之后，跟随他住在小庵里的弟子也开始代代相传，所以小庵就延续下来了，成了门头。经过查证，少林寺有住持二十八代，所以他们各传了二十八房。二十八个小庵，在豫省偌大的土地上，又算得了什么呢。况且经过仔细查实，这二十八房里已经有三房不传了，仅仅剩下二十五房，搞不好日后还会继续减少。

奏完这些，王士俊还嫌不够，又奏了一句“嗣后门头日盛，方丈席虚。常住少供养之田，禅房多坍塌之处，而门头又各以拳勇相传，技击为业，遂与寺内竟相间隔”[2]。王士俊确实耿直有余，如果说前边的辩解可能还未触到雍正的霉头，这句话他算是捅到马蜂窝上了。他这句话包含了三层意思：一是在少林寺院外的门头现状确实日盛一日，又因为少林寺里这几十年一直没有方丈，使得少林寺这核心愈显势单力孤。其实历史上少林寺有皇帝钦派住持的传统，只是到了康熙皇帝在位时，出于种种考虑，才未曾复派住持僧。具体情形，是因为随着民间宗教组织利用少林武术反清后，清王朝对少林寺的态度发生了巨大的变化，由开始的支持变成削弱和压制。清康熙五年（1666）海宽[3]去世后，按旧制本应重新钦命住持，但清王朝却终止了对少林寺住持的任命，使传承了数百年的钦命住持制度宣告终结。之后，在清王朝的压制下，少林寺出现了相当混乱的局面，以致“法堂草长、宗徒雨散”（见张思明《重建慈云庵碑记》），[4]故而少林寺没有住持，主要原因在于圣祖康熙皇帝。清代历来讲究祖宗家法，那么康熙皇帝所定的规矩，要想改变，雍正皇帝可以提出来，提出来尚需一定勇气和魄力，但作为臣子的王

---

[1] 中国第一历史档案馆，档案号：04-01-37-0002-005。

[2] 中国第一历史档案馆，档案号：04-01-37-0002-005。

[3] 清朝定鼎后即于顺治三年（1646），沿明朝旧制给少林寺住持（方丈）海宽以钦命住持衔，因海宽足疾未赴京领命。顺治十四年（1657），海宽在京师得到朝廷礼部颁发的札子，正式出任少林寺钦命住持。

[4] 参见吕宏军《清朝禁教对少林武术的影响》，《少林功夫文集》第1辑，少林书局2003年第1版。

士俊则不能，含沙射影地说尤为不可。王士俊奏折这句话的第二层意思是少林寺缺少供养田产，禅房又多坍塌，确实破败不堪了。其实这意思还是在重复这对君臣讨论的核心问题，修建少林寺，而少林为什么又如此破败。盖是因为像雍正所说的那样许多僧人不守清规，都住到外边去了，加之清政府的打压以及周边豪强对于少林寺田产的侵占使然。经王士俊这么一说，无非更加激起了雍正整顿寺院清规的欲望。第三层意思似乎与王士俊自己此前说的有些矛盾，他本来辩解说建门头是退休方丈们为了养静憩息，但到这里又在说门头里又拳勇相传、技击为业，最终与寺院竟相间隔。从历史上看，少林寺僧有习武的传统，清初亦是延续了此传统。清顺治时焦复亨《少林寺》诗云："艺高白棓（棒）手，夏解碧莲宫。"清初顾祖禹《读史方舆纪要》："其北有少林寺，原魏所建，历代尝修治之，近代所称少林寺之僧兵也。"清康熙十六年（1679）顾炎武游少林寺后，在其所写的《天下郡国利病书•嵩高》中写道："至今寺僧以技击闻，其由来久矣。"而其所写的《少林寺》诗中也写道："颇闻经律余，多亦谐武艺。"清康熙时进士景日昣在其所著《说嵩》一书中亦云："今寺僧矜尚白棓。"[1]少林僧人习武本无可厚非，因为按照佛教的说法，参禅修禅的法门包含在大千世界的所有事物中，行住坐卧皆可以作为禅修的方式，赵州和尚通过一杯茶就讲明了禅，那么少林僧人自然也可以通过习武来参禅，终点相同，途径不同而已，也就是所谓的"行住坐卧生活禅"，对于少林僧人而言，习武便是他们的本分生活，便是他们的参禅法门了。但对于清朝皇帝而言，少林僧人不仅仅是僧人，他们还有一层身份，那就是"汉人"，汉人习武，总不能让这些满族统治者放心。进入清朝康熙中后期，随着民间反清教会力量的壮大，在"反清复明"的旗帜下，为了达到反清目的，民间教会便开始寻觅反清力量，于是久负盛名的少林武术及少林僧兵成了民间教门及秘密社组织利用的对象。利用少林武术作为反清武器的民间教会，最有代表性的是天地会和白莲教。[2]对于康雍乾三代皇帝而言，"反清复明"四个字总是或明或暗闪闪烁烁地在他们心中萦绕，成了一个挥之不去的梦魇，故而才会有打压之举。那么王士俊这句"拳勇相传、技击为业"，恐怕又触动了雍正那根敏感的神经，对于少林寺外门头的严格治理，就成了必然。

王士俊在奏折中还写到并非少林寺僧人不守清规，故意放纵才散处院外，主

[1] 参见吕宏军《清朝禁教对少林武术的影响》，《少林功夫文集》第1辑，少林书局2003年第1版。

[2] 参见吕宏军《清朝禁教对少林武术的影响》，《少林功夫文集》第1辑，少林书局2003年第1版。

要因为寺内殿堂确实颓废使然，还说“皇上因直省房头，类多不守清规，特念少林散处寺外之僧，难于稽查管束。睿虑周详，委系修建丛林第一切要急务”。[1]王士俊还算明白，知道雍正把整顿门头看成了修缮少林寺这项工程中所必须解决的问题，他写这句无非是向主子表示已经理解了主子的指示，既然是睿虑周详的第一切要急务，那就必然会加倍用心去办理。虽然王士俊向雍正皇帝表示一定会遵旨办理，但从之后的奏对方案来看并没有使雍正满意，即使今天看来，王士俊的方案确实给人一种前进两步后退一步的感觉。王士俊自谓经过“细度形式”，认为可以在少林寺东西两边增加一道围墙，他称之为“缭墙”，这样就可以把那二十五处散处于少林寺外的门头房屋全部圈进来，然后“或改其方向，或易其门垣，使俱紧贴寺墙，作为两旁僧寮，皆从大门出入”，他认为自己这个方案非常好，既节省了国家钱粮，又蓄民力，还能起到“规模弥觉严整，呼吸倍觉周通”的效果。[2]随后王士俊还写道：这些门头院落里居住的僧人以前确实有习武拳勇技击的传统，但至今日已经不再习武斗勇，即所谓的“其法已不传”。在这二十五处门头院落中，现在还剩下一百七十多名僧人，已经没有了以往的犷悍积习。

如果说此前王士俊说“嗣后门头日盛，方丈席虚。常住少供养之田，禅房多坍塌之处”等语雍正还尚能耐着性子忍受的话，那么这一段雍正就着实不满意了，王士俊在执行他谕旨的时候明显地打了折扣，显然没有明白自己的意思。就在这一段的字里行间，雍正批了两句话：“存房顾之，不彰成丛林之气象，持势逼之假威，何益释礼，奏对此事甚疏忽不妥。”[3]待王士俊再次打开盛放朱批奏折的匣子，读到雍正这两句朱批，才幡然醒悟，赶紧向下布置整顿门头的任务，并迅速具折回奏。在新的奏折中，经过雍正敲打的王士俊似乎开窍了，恐怕他又翻出圣上的朱批谕旨重新恭读数遍，仔细体会，深入揣摩，理解皇帝到底是什么意思，王士俊在奏折中说：“臣跪读谕旨，自知疏忽之愆一而至再，曷任惶悚，随即敬谨遵行。将现在二十五房头、零星僧房，悉行拆造。紧靠墙边，改作两旁僧寮。东西各列五十间左右，墙垣各开门三处，悉从寺内出入。禅堂两厢如拱如翼，气局贯通，规模整密。二十五房僧人，仍归为寺内之僧。二十五房斋田，仍归为寺内之田，

[1] 中国第一历史档案馆，档案号：04-01-37-0002-005。

[2] 中国第一历史档案馆，档案号：04-01-37-0002-005。

[3] 中国第一历史档案馆，档案号：04-01-37-0002-005。

不复再存房头名色。”[1]

对于王士俊的这次上奏，雍正还算比较满意，但雍正还是在朱批中提了三点意见：一、所绘图不甚妥协，就是说王士俊这次绘图仍然不能入雍正皇帝的“法眼”，由于资料有限，今天不能看到他所绘之图到底是什么样子，总之，没有使雍正皇帝满意。雍正也懒得跟王士俊再来回沟通，并且见王士俊开了窍，死心塌地执行他的旨意，就直接命人绘制了一幅自己比较满意的图，发给王士俊，让他遵守，所以雍正在朱批中说“照搬来样式修造可也”。二、雍正要求修缮少林寺“一切工程，务期坚固垂久”。这确是一条最实际并可造福后代的“圣旨”，这使王士俊在修缮少林寺时倍加重视建筑质量，在很大程度上延长了少林寺的使用寿命。三、雍正此人倒是心思非常细腻，对王士俊提出了选择建筑工匠的条件，他要求“所委人员，可择向来有些信心、知因果者办理。不可令谤佛诋僧之造业辈勉强从事，令招恶报”[2]。对修建者的资格提出的这个条件不可谓不恰当，这样工匠才能诚心修建而不惜力，才能最终保证少林寺的质量。

除去年轻时修缮柏林寺、大觉寺，做皇帝后又不遗余力整顿修缮少林寺外，雍正皇帝还修缮了很多其他寺院。当然在修缮寺院的过程中，雍正还不断以帝王释主的身份干预各个寺院宗教事务，以达到政治和文化两方面的目的，但无论如何，对于一名有作为的帝王而言，其行为和决定总要不可避免地涉及一些政治因素。而在插手释教的时候，又会因为自身权力的巨大而在某个时期给历史造成一定的影响。

[1] 参见《雍正与禅宗》，老古文化事业股份有限公司1997年版，第67页。

[2] 参见《雍正与禅宗》，老古文化事业股份有限公司1997年版，第68页。

第二章 雍正皇帝与臣子、僧人在禅机释理方面的交往

雍正喜欢参禅也喜欢与他人谈禅，曾经与这位皇帝居士在佛教释理方面有过交往的人不在少数。不仅仅是康熙朝及雍正朝的高僧大德如章嘉呼土克图、性音、明鼎、超盛等，而且还有朝中大员、地方大吏以及亲王皇子如张廷玉、鄂尔泰、圆寿（弘历）、福彭等，只要稍懂释理且雍正又认为孺子可教的，都会在雍正带领下开始参禅悟道，或者是召开宫中法会，或者是在来往奏折中讨论禅机释理。本章选择了一俗一僧，即平郡王福彭和禅师超盛与雍正之间有关禅宗及相关修行内容的朱批奏折往来，以一窥这位“圆明居士”——雍正皇帝心崇释迦的一面。

一、雍正与福彭

在这一部分的开始，不妨先来看一则小故事。这则故事是关于“禅机”的，禅机就是佛教禅宗和尚谈禅说法时，用含有机要秘诀的言辞、动作或事物来暗示教义，使人得以触机领悟。

雍正朝的某一天，圆明居士雍正帝召集来了七位臣子，他们分别是大学士张廷玉、鄂尔泰、平郡王福彭、庄亲王允禄、皇四子弘历、皇五子弘昼、果亲王允礼。待众人到齐后，雍正向他们提了个问题：历代佛祖中有一人超佛越祖，且道是哪一个人。问题还未问完，这七位便已明白皇帝是要与他们对问禅机了。自雍正十年（1732）以来，因为政治趋向稳定，皇帝又开始重操曾经的爱好谈论禅宗了。经过思考，这七人便给出了自己的答案。张廷玉答：是佛。鄂尔泰答：无名氏。福彭答：土块。允禄答：一手指天，一手指地，道不远人。允礼答：一个鼻孔者是。天申（弘昼）答：无佛祖二字，就是超佛越祖。圆寿（弘历）答：饶他释迦老子

一按指海印发光也。只得向他道，这老汉不识好恶。我们并不知道雍正皇帝如何评价这七人的答案，但雍正所问超佛越祖者应是指法身佛，佛有三身，分别是法身、报身和化身，佛教认为为即是中道之理体也，佛以法为身，故称法身，法身处于常寂光净土。其实十方三世一切佛，共同一法身，法身象征了世间宇宙的一切法皆由此出。佛教又讲真如法性，即遍满一切法界，不仅佛祖、众生，而且一切砖石瓦砾也都有法性真身存在。[1]

这个故事应该是真实的，因为它被史官清楚地记录下来，并一直流传到今日编辑成了《雍正朝各朝臣禅机奏对折片》，该折片内记录了雍正与这七位臣子之间的问答一百二十一个。雍正为一国之君，召来开小会进行禅机问答的这七人在当时而言身份可说是无比尊贵，有被视为“揆首”的满汉领班军机大臣鄂尔泰和张廷玉，有两位亲王和一位郡王，即允禄、允礼和福彭，还有雍正皇帝的两名皇子，这两名皇子中，有一位从雍正手中接过接力棒成了大清帝国的皇帝，另一位也成为了皇族中爵位最高的亲王即和亲王弘昼。

这场佛家禅宗的禅机问答活动的参与者中，竟没有一个出世的僧人！无论是提问者，还是作答者，恰恰都是当时入世甚至可以说是“创世”的政治人物，而这禅机问答竟发生在他们之间，确实有些不可思议！那么是什么力量把他们撮合到一起琢磨禅宗这“与治道无涉”[2]的玩意儿了呢？自然是雍正，这位自称居士的皇帝。且不论那七位究竟是否真心向佛，皇帝召见亲自开示，则必不敢不来。这至少说明两个问题：第一，雍正对佛教理论尤其是禅宗确感兴趣且有相当的参悟体会，否则必不能向他人提问禅机，更遑论评判他人对答水平了。第二，雍正皇帝确实对佛教有相当的信仰，否则必不会召来这些人不问政治“闲来”问禅了。大学士张廷玉被雍正视为左膀右臂，雍正评价他“器量纯全、抒诚供职”[3]，而他的正经工作应该是“缮写上谕、详达朕意、训示臣民”；鄂尔泰则被雍正视为“志秉忠贞、才优经济”之臣，他的主要工作应该是“安民察吏、绥靖边疆”[4]，两人后来都被雍正给予了配享太庙的荣誉。而弘历等人自不必说，既有亲近的皇族兄弟子侄，又有未来皇位继承人。如果说雍正表现出信佛是在玩弄手腕伎俩，欺骗

[1] 参见《雍正与禅宗》，老古文化事业股份有限公司1997年版，第181页。

[2] 参见[清]释实月撰《理安寺志》，江苏广陵古籍刻印社1996年版，第24页。

[3] 参见《清实录》第八册《世宗宪皇帝实录》(二)，雍正十三年九月己丑条，中华书局1985年版，第956页。

[4] 参见《清实录》第八册《世宗宪皇帝实录》(二)，雍正十三年九月己丑条，中华书局1985年版，第956页。

世人，那么对于这些人则大可不必费此周章弄虚的。而如果不是真心认为佛教有益，那么雍正必不会召这些人来谈论佛教禅宗。而这一百多个问答应非同一天所做，恰可以说明这种禅机问答的聚会在雍正朝是比较频繁的。根据张文良先生在《雍正皇帝与〈御选语录〉》一文中的叙述，雍正十一年春至夏，雍正在处理政务之暇，与内廷王公大臣多次探讨禅机、禅理。[1]雍正共下一百则转语，让众人参对，此即《圆明百问》。交上答卷的共六人，即张廷玉、鄂尔泰、福彭、允禄、圆寿、允礼。对于雍正与臣子间对答禅机的确切时间，张先生此论可做一参考。无论如何，一百问也好，一百二十一问也好，都不啻雍正有意崇佛参禅的一个有力证明。

对于再次谈禅论佛，雍正自己的说法是："迨即位以来，十年不见一僧，未尝涉及禅之一字。盖此事，实明者少，逐块之流，徒劳延伫，求名之辈，更长业缘，而世间井底蛙又必妄生议论。朕愍诸有情无知愚陋，恐其因此造诸谤般若大罪孽。不谈之意，良非偶然。今见去圣日远，宗风扫地，正法眼藏垂绝如线，又不忍当朕世而听其滔滔日下也，乃选辑从上宗师吃紧为人之语刊示天下后世，使之摆脱生死根尘，掀翻轮回陷阱。学者当知，朕今此举，实为佛祖慧命所系，不惜眉毛拖地，非与十方常住行脚秉拂之徒较论见地短长"。可见不光是谈论，还有整顿禅宗的意图。

虽然这些问答被载于正史资料，真实性不容置疑，但笔者仍感觉其分量及权威性并不足，因为毕竟一无确切时间，二非最正式的官方文书。幸而我们在雍正朝的朱批奏折中还发现了一部分雍正皇帝与臣子之间有关佛教寺院和禅宗理论探讨的内容，且有些折子还批得饶有趣味，是不可多得的研究雍正皇帝本人禅宗思想以及禅宗在其心中地位的上佳资料。探讨佛教禅宗思想的朱批奏折可以分为两类，一类是雍正皇帝与僧人之间探讨禅宗，僧人包括超盛、文觉、实彻等人。但想来雍正皇帝与僧人之间也只能探讨禅机，如若探讨他事，甚不合适，亦未免会在僧人心中留下我朝皇上自重不足之类的印象，所以这部分奏折还并不能充分说清楚雍正对佛教的真正态度。另一类是雍正皇帝与臣子之间探讨禅宗禅理的朱批奏折，这部分资料就显得弥足珍贵，此前曾经对奏折这一概念有过解释，奏折几乎是除了皇帝和具折臣子外无他人能看到，是所谓"法不传六耳"的。即使抄录的官员看到，也必不敢冒着留个碗大疤的危险向外界透露或自己记录，抑或有官员曾经顶风作案私自留了一些记录，也果然落下个"碗大疤"。总之，奏折的保

[1] 参见张文良《雍正皇帝与〈御选语录〉》，《法音》1993年第3期。

密性是极强的，可以称之为清代的“绝密文件”。既然这种文件并不公开，那似乎就没有太过虚假的必要，写在其中的大部分内容，尤其朱批，当能在相当程度上反映雍正皇帝的真实想法或爱好。现在读几篇朱批奏折，而且就是雍正皇帝与前边那则故事中的平郡王福彭之间的往来朱批奏折。

福彭生于康熙四十七年（1708），出身显赫，是努尔哈赤八世孙。他英年早慧，受康熙、雍正、乾隆三朝皇帝的赏识，早年就被康熙看中，养育宫中读书，“王幼而侍圣祖仁皇帝宫中，躬承恩眷”[1]；福彭是曹寅长女曹佳氏的长子，幼年即受康熙帝的恩养，及长受雍正帝拔擢、乾隆帝重用，在清史中是一位值得重视的人物。

平郡王福彭这篇奏折书于雍正十一年（1733）十月二十日，其时福彭奉命率军在西北与准噶尔作战。从17世纪以来，准噶尔在大清帝国西北方崛起，并割据称雄。因其是厄鲁特蒙古的一支部落，一直希望能重建蒙古帝国的辉煌，所以与清王朝长期抗命和对峙，并屡次兴兵进犯喀尔喀、青海、西藏，干戈骚扰数十年，成为清政府实现国家统一、安定的重要障碍。[2]在雍正朝，噶尔丹策零继为噶尔丹的领袖后，仍然对清朝边界骚扰不断，而清政府对噶尔丹用兵又屡次不利，雍正对之烦不胜烦，于雍正十一年七月走马换将，任命福彭为定边大将军，前往对准作战前线。这次派遣福彭至前线统军作战，在雍正看来是因为，“数年以来锡保调度无方，制防鲜术，因循退缩，坐失机宜，为将士之所轻，致军心之不振，深负任使，有忝元戎。上年贼兵深入我境，副将军和硕亲王额驸策凌、内大臣塔尔岱督率弁兵，奋勇追击，大歼贼众，丕振军声”。而当此之时，“必须另简忠诚任事之亲藩，始克奏肤功而宁边塞。是用命尔为定边大将军，统领满洲、蒙古、绿旗、大兵一切事宜”。[3]接下来，我们有必要通篇看一下福彭这篇有关佛事的奏折：

臣福彭谨奏为恭谢天恩事。雍正十一年十月初六日，接奉钦赐上谕《御制序》《心赋选注》各一本，《御选语录》一部。臣敬谨望阙叩头，恭谢天恩。讫窃臣自揣幼樨，夙少慧根，荷蒙圣明开示，今夏六月甫得亲切。旋陛辞出塞，虽一得之后，不敢顷刻暂释。而远离左右，犹恐复生颠倒，为此兢兢。臣到军营，有向日识臣

[1] 参见戴逸《戴逸自选集》，中国人民大学出版社2007年版，第106页。

[2] 参见戴逸主编《简明清史》，中国人民大学出版社2006年版，第536页。

[3] 参见《清实录》第八册《世宗宪皇帝实录》(二)，雍正十一年七月戊子条，中华书局1985年版，第717页。

者，见臣之语言动静，办理事宜，皆谓迥非昔比。而臣中心自问：非若年来训诲多方，稍有所得，当此重大之寄，物应纷然，必至仓皇失措矣。则臣今日之勉力支持不因法障心何？莫非慈悯之所赐，而臣又不敢自谓已证已得而稍懈修持也。臣恭读恩赐语录诸编，皆佛祖之宝印精华，可谓正眼法藏。《再集》中见宝亲王论，似更有竿头进步之功。皇上赐名长春居士，诚为允当。诸臣鉏侍内庭，时聆圣训，如庄亲王、果亲王、宝亲王、和亲王、大学士等，此际不知作何进境，谅必有参透过前者。臣倾赖威德，明岁奏凯回京，较诸臣虽多一功绩，而睽违日久，本分事上必逊一筹。况从上佛祖之公案，似觉易参。我皇上之问语公案，较如来更难参究，将来一遇撒沙，茫然莫辨，断不免当诸臣之旁观失笑也。唯愿早见肤功逑谨慈颜，以慰婴儿依恋之诚，庶可更希向上一层耳。前途次，接奉御制真如铭偈子，已蒙恩赐。谨遵旨进呈。外臣今日学作数首，一并缮折上渎御览，恳请亲加改订。俾顽质得受日月之光明，则沐弘仁于无既矣。谨奏。雍正十一年十月二十日[1]

福彭这篇奏折较长，然读起来确实朗朗上口，并且给人一种比较诚恳的感觉，并无矫揉造作之势，略有溜须之词如“婴儿依恋”之类亦属正常，且能够马上收住。而其中相当部分字词还能体现出福彭已经对佛教内容有所体会，比如“宝印精华”“正眼法藏”等，亦可见雍正对其之影响。

在这篇奏折中，福彭大致叙述了五层意思。

第一，是年十月初六日接到雍正赐给的《御制序》《心赋选注》和一部《御选语录》，这些都是雍正于当年编辑的佛学著作。根据《御选语录》第一篇御制序中所注的时间，雍正自雍正十一年（1733）四月开始编纂这部典籍。[2]福彭应系雍正十一年七月或九月间离京赴西北前线，故他应该参与了一部分《御选语录》的编纂，或至少听雍正讲过编写该书。图书的编写应该是先编纂，然后制版，这样就需要一定的时间。从御选语录最后一篇序言，即《御制后序》中可以看到编纂完成的时间应该是该年的“九月朔日”。两个朔日，即编纂时间大概是四月初一到九月初一期间。

第二，感谢雍正对其训诲有方，以至于“夙少慧根”的他“荷蒙圣明开示”后，举止谈吐乃至办事都迥非昔比了，并且在处理纷繁复杂事务的时候亦能不慌

[1] 中国第一历史档案馆，档案号：04-01-30-0390-022。

[2] 参见[清]雍正编著，史原明主编《雍正御制佛教大典　御选语录》上，中国社会科学出版社2004年版，第3页，书中所述日期为“雍正癸丑四月朔日”。

乱。福彭完全将这些归功于雍正平时有关禅宗的开示提持，并且福彭还十分谦卑地说即使如此，又不敢自谓已证已得，所以不敢放松自己的修持。这应该是福彭第一次具折向雍正谈论禅宗之事，否则不会有以上“迥非昔比”之类的词句。而当时正是西北用兵之时，用兵是杀人征战之事，这位大将军却同皇帝探讨慈悲本性的佛教，确实不同凡响。

第三，对《御选语录》极力称赞，这说明福彭确实在操持军务的闲暇“恭读”过这些佛家书籍了。因为此后福彭的奏折中再次提到雍正赐给《御选语录》另一部分，从而凑成完整的一套书，所以这次雍正赐给的《御选语录》并不完整，应该是刻印校对完成上半部分，即迫不及待地赐递给他远在千里之外的“禅学弟子”福彭了。至于这第一部分具体包括哪些内容，我们并不能清楚地查到，但是福彭在夸赞雍正这部《御选语录》的时候注意了两个问题：一是语录中所选篇目极为精当，是“宝印精华”“正法眼藏”；二是福彭刻意留意了皇四子宝亲王的禅学言论，并夸赞有加，称宝亲王有百尺竿头更进一步之功了，由此福彭又引出了另一层意思。而从这两点看，福彭至少看到了《御选语录》的第十二卷，即《和硕雍亲王圆明居士语录》《圆明百问》。[1]

第四，福彭通过对宝亲王的称赞，联想到了自己的“修行”。福彭讲到庄亲王（允禄）、果亲王（允礼）、宝亲王（圆寿，即弘历）、和亲王（天申，即弘昼）、大学士（张廷玉、鄂尔泰）每天都可以聆听圣训，即他们这往昔的“参禅七人组”中其他六位可以听到雍正讲述禅机佛理，那么进步应该都很大，而自己“倾赖威德，明岁奏凯回京，较诸臣虽多一功绩”，但在本分事，即参禅方面要逊一筹了。又说“佛祖之公案，似觉易参。我皇上之问语公案，较如来更难参究”，[2]待回京后恐怕会被他人笑话了。所以他希望能早日建功，回京聆听圣训云云。这些话倒是能给人一种虽无精进之境，但有精进之心的感觉了。想必雍正看到这里已然有所感动，所以才有了雍正很有意思的批语。

第五，福彭恭读了雍正所写的真如铭，便学写了几首偈子，呈给雍正御览，希望他能批改。在前线督战指挥的定边大将军竟还有时间写禅宗的偈子，确实有些不可思议，而这不可思议中确实也透露着雍正皇帝对于参禅的爱好。唯有如此，

[1] 参见[清]雍正编著，史原明主编《雍正御制佛教大典　御选语录》上，中国社会科学出版社2004年版，第527页。

[2] 中国第一历史档案馆，档案号：04-01-30-0390-022。

雍正才能容忍远在前线的将军不爱武装爱禅宗，并且从这篇奏折的朱批中能够看到，雍正不但没有批评福彭的“不务正业”，反倒耐心与福彭教导禅宗释理，似乎这篇奏折不是来自硝烟纷繁的边疆战场，而是来自深山烟萝的幽静古刹了。

以上是福彭奏折的内容以及带来的信息，然而最精彩的并不是福彭的奏折，最精彩的当属雍正皇帝的朱批。这篇奏折的朱批并不比奏折原文少多少，而且还给人一种谆谆教诲和十分真诚的感觉，无论当时福彭撰写这篇奏折的时候投入了多少真情，从雍正的朱批看，这位皇帝倒是将这位王爷的话语当作肺腑之言了，于是便也诚恳地暂时抛开政务军务向福彭谈起了参禅体会。

雍正在福彭奏折原文的字里行间就迫不及待地教诲上了，在看到福彭说到“则臣今日之勉力支持不因法障心何？莫非慈悯之所赐”，又说“又不敢自谓已证已得而稍懈修持”时，批了这么一句:“原本有者只做寻常看，非有他法，用意修持，唯一不染污，乃佛祖之所护念，勉之。”[1]

而在看到福彭说的“此际不知作何进境，谅必有参透过前者。臣倾赖威德，明岁奏凯回京，较诸臣虽多一功绩，而睽违日久，本分事上必逊一筹”时，雍正则批了一句恐怕是当日所有朱批中最有意思的一段：

进意自然较前不同，既明此事，悟后须自度。此事本然无他巧，只争日逐用工多。伊等虽常近朕之左右，若懈怠生倚傍心，转觉为障。汝虽隔数千里，若肯念念时时觉惺，如听朕之提持也。然朕览此奏，不禁心中恻然。次日便对阿哥、大学士等有旨：朕先有愿，凡宴会等事，必待上天垂慈，大功就绪，军前大众奏凯回来，一同欢会举行。今后佛法亦然矣。且不开示汝等也，亦待平郡王回来再讲。汝等可各努力云云等谕。阿哥等皆大笑恳求，朕云:朕已降旨矣。实实如是，谕汝知之。[2]

从这段批语中我们能稍稍领略到雍正的复杂性格特征，第一，对于禅宗修行，雍正信心很强，且略带些自负。他既肯定了弘历、张廷玉等人经常在他的带领下修行，已有明显的进步，又很诚恳地告诉福彭悟后须自度，这倒很像禅宗里讲的“迷时师度、悟时自度”。并告知福彭，如果自己不勤奋修行而只希望他人带领自己修行，不费力不下功夫，恐怕就会生倚傍心而转觉为障，本来已经开悟，反倒因

[1] 中国第一历史档案馆，档案号：04-01-30-0390-022。

[2] 中国第一历史档案馆，档案号：04-01-30-0390-022。

为不独立下功夫而前功尽弃，走向另一个极端，这倒也说明雍正对禅宗有相当深刻的理解。第二，雍正认为禅宗修行应该真参实悟，下一番功夫。他说“此事本然无他巧，只争日逐用工多”，这非常符合雍正一直提倡的禅宗修行方式，可以与他打击汉月法藏一系“呵佛骂祖”时的理由相印证，故而这应该也是雍正从某种意义上并不肯定迦陵性音的原因之一，所谓在修行上“道不同”者。第三，雍正竟生了恻隐之心，也“不禁心中恻然”了，于是他做了一个很有意思的决定，即在平郡王福彭“大功就绪”得胜回京之前不再开示其他王公大臣了，并且将这个决定很正式地告知了阿哥、大学士们，阿哥等人可能以为雍正在跟他们开玩笑，所以有“大笑”之举，直到雍正告诉他们“朕已降旨矣”。平郡王福彭这两句有奉承之嫌的奏折之语，雍正倒是当真了。从这一点上看，这位皇帝倒也有些许可怜，不知是“众人皆醒我独醉”，抑或是“众人皆醉我独醒”。

在批了如此之多后，雍正还嫌不够，又在奏折的末尾语重心长般地对福彭批了百多字：“作工夫只以空净惺惺为主，如有如空，皆应酬法门，透机透教，皆度人边事。但将《宝筏精华》熟加玩味，自有妙处。看时不可用意识会，将本分工夫，一句一句印着看。不必贪多求速，只要一句得心应手，自觉其中趣味。凡看经文皆如是用心，非比读记诗词文章也。若如此，胜如日听朕之闲话焉。”这段中，雍正向福彭推荐了一本书，即《宝筏精华》，这部书亦是这位皇帝居士所编，而且其编辑时间当早于《御选语录》。在随后的奏折朱批中雍正还会再次提到这部《宝筏精华》，并认为这部书较《御选语录》更加实用更加精要。雍正告诉福彭，对于《宝筏精华》要一句一句印着看，这大概就是禅宗里讲的以心印心的修行方法了。雍正还告诉福彭，看经文要非常用心，与读记诗词文章不同，要他不用贪求速度，即使只领悟一句，“自觉其中趣味”，就是很好了，这倒颇给人一种当年六祖惠能因《金刚经》中“应无所住而生其心”一句而顿悟的感觉了。

如此不厌其烦之教诲，并且是反映在以政事办理为主的朱批奏折中，足以见雍正于禅宗之偏好了。福彭这篇奏折缮写得体，确实字字命中雍正的内心，使得雍正确有技痒难耐之势，便向福彭洋洋洒洒说开了。然以雍正之老成多疑，似乎也可以印证平时在雍正身边的福彭可能确实对禅宗参悟有着相同的爱好，此点似乎也可以由我们开篇时那则小故事里福彭所答得到最佳印证，所以此二人才在战事之余不免谈佛论禅而又互不以为怪了。

然而朱批还没有结束，最后雍正还给了福彭所写偈子一项极好的肯定和待遇：

“改定付梓矣！”

雍正朱批原文：

原本有者只做寻常看，非有他法，用意修持，惟一不染污，乃佛祖之所护念，勉之。进意自然较前不同，既明此事，悟后须自度。此事本然无他巧，只争日逐用工多。伊等虽常近朕之左右，若懈怠生倚傍心，转觉为障。汝虽隔数千里，若肯念念时时觉惺，如听朕之提持也。然朕览此奏，不禁心中恻然。次日便对阿哥、大学士等有旨：朕先有愿，凡宴会等事，必待上天垂慈，大功就绪，军前大众奏凯回来，一同欢会举行。今后佛法亦然矣。且不开示汝等也，亦待平郡王回来再讲。汝等可各努力云云等谕。阿哥等皆大笑恳求，朕云：朕已降旨矣。实实如是，谕汝知之。作工夫只以空净惺惺为主，如有如空，皆应酬法门，透机透教，皆度人边事。但将《宝筏精华》熟加玩味，自有妙处。看时不可用意识会，将本分工夫，一句一句印着看。不必贪多求速，只要一句得心应手，自觉其中趣味。凡看经文皆如是用心，非比读记诗词文章也。若如此，胜如日听朕之闲话焉。改定付梓矣。[1]

二、雍正与超盛

雍正十三年（1735）四月至七月之间，禅师超盛一路南巡，游历了很多江南的大寺院。自雍正十年（1732）开始，雍正整顿禅宗已有两年多的时间了，其间编纂出版了带有统领禅宗精神思想性质的《御选语录》《拣魔辨异录》等著作，恐怕在出版这些著作之后雍正还认为不够，恰好其亲近的禅师超盛长期游历江南，又不断以一名出家人的身份和视角向雍正报告江南寺院的情况，恐怕其中不免有雍正主动要求的原因和政治目的。有了超盛等僧人的奏折上报，再加上地方官吏的报告，僧俗两道的消息来源则可以使雍正更加清楚明了地掌握当时禅宗寺院的情况。

超盛这次游历江南寺院，确实引起了轰动的效果。从他们往来的朱批奏折我们可以看到，包括地方高级官员和商人在内的各色人等都对其敬重有加，设上堂斋法会，请超盛禅师。在随后超盛呈给雍正的奏折中，超盛应该是在南方各寺院连续讲法，并把所讲所开示的内容呈给了雍正，那么上奏的说法内容应该就是在江南这些寺院的上堂斋法会上讲的。除去延请超盛禅师讲法外，自然还包括斋僧、

[1] 中国第一历史档案馆，档案号：04-01-30-0390-022。

送斋衬银的内容，我们可以看到官员和商人所送斋衬银从几十两到上千两不等。根据学者研究，清代正从一品文官年俸也就是一百八十两，[1]而织造署织造为五品官，俸银则只有八十两。虽然雍正朝开始实行养廉银制度，养廉银要远远高于官员定例俸禄，但超盛所收到的斋衬银也已不少。可以说，超盛这次南巡能有如此的待遇，必然是与雍正皇帝这个后台的支持和影响分不开的。而对于江南地区的官商来说，能亲近皇帝的机会并不多，当然海保[2]除外，那么讨好皇帝所亲近的僧人也就不啻在讨好皇帝了，所以江南的这些官商们在迎接超盛的事务上才不遗余力地极尽能事。

高旻寺，今位于扬州市南郊古运河与仪扬河交汇处的三岔河口，在清代是扬州八大名刹之一，属于禅宗的重要寺院。通过这一段的叙述，超盛代理雍正在江南地区整顿禅宗寺院的迹象愈加明显，寺院事宜全部上报雍正，也必是雍正的要求。且超盛作为一名外来僧人，可以按照自己的意图评论高旻寺并安排当家监院人选，这恐怕与雍正皇帝的背后支持决然不可分。

此次超盛出游，可谓遍访江南著名寺院。除了回到自己家乡拜见生身父母外，还前往磬山、龙池等寺院。随后又再次与海保接洽，并住进了苏州织造的衙门。此次在织造衙门的住宿倒是让超盛与海保结下一段缘分，根据随后查到的海保以及超盛的奏折，可以知道超盛南巡不久便患疟疾，后曾经在海保处养病，海保确实也殷勤照料，且将禅师的病情及痊愈情形非常细致完整地上报给了雍正，以至于雍正还很有意思地问海保："禅师病中，较常人光景如何，此乃闲问，佛法与此作得主与否，有何交涉？"[3]似乎雍正想从超盛禅师的生病及病愈寻找到一些佛祖护佑之类的证据来。超盛则向雍正报告了一些海保的情况，这篇奏折则偏重于禅宗修行方面，虽然只是两句话，但也说明了海保应该也受到雍正信佛的影响，或者真诚学佛参禅，或者至少做出了参禅的样子来讨好雍正。超盛还注意到了海保对于佛教寺院的支持，如超盛该月初四日到怡贤寺，似乎又进行了一次上堂斋大法会，赴会的僧众竟然达到了两千余人，按照当时盛行的夸赞说法，那就是两万余指！其法会规模着实可观。而除去佛教影响力在当地很强之外，如此之大的法会当然离不开海保的鼎力支持。在超盛禅师看来，海保的努力可以体现在两个

[1] 参见黄惠贤、陈锋主编《中国俸禄制度史》，武汉大学出版社1996年版，第141页。

[2] 海保职在苏州织造，属于钦差，有专折上奏的权利，且是雍正皇帝乳母之子，属于皇帝的耳目。

[3] 参见《雍正与禅宗》，老古文化事业股份有限公司1997年版，第130页。

方面：一是海保对这次法会想得十分周到，各种用品和斋衬银都准备齐全，即“海保十分诚敬，色色齐备，送臣僧斋衬银六百两，以及衣履细缎器用物件，无不周到，随行侍者亦有斋衬”；二是海保平时推荐的怡贤寺寺院管理者十分得力，常住监院僧实恒，“原系海保向日所安”，这个实恒和尚可能确实将怡贤寺管理得井井有条，所以才会有两千人齐聚出席法会，超盛才会如此满意，并在缮写奏折时向雍正呈报。

怡贤寺，仅凭其名就不难联系到怡亲王允祥，怡亲王薨于雍正八年（1730），对此雍正极为悲痛，下令在奉天、直隶、江南、浙江为允祥立祠，后改为怡贤寺。之所以会在这些地方立祠，估计原有允祥旧居，那么超盛赶赴此寺举办大法会以及海保如此照料该寺的原因也就不讲自明了。果然，超盛接下来称赞怡贤寺为“姑苏第一之福地”，看来这位老和尚也不无恭维天子之嫌了。随后超盛还将讲法内容具折呈给雍正，可见讲法的内容也是雍正所希望看到的。果然在随后超盛附上的专讲佛法的折子里，雍正连批带改，与这位高僧探讨推敲，看得好不快活。

当然，超盛在奏折中还不忘向雍正表一下他自己对江南僧人的影响。名章、实彻应该都是高僧，比如实彻，是雍正在苏常一带寻得的玉林通琇一支的高僧，并命其主持圣月寺。按照超盛在奏折中的意思，这些高僧大德，在与超盛交流盘桓一番佛理后，可能都自愧不如，并表示要更加精进了。这一表示，虽有名章等人奉承超盛的嫌疑，但在笔者看来，超盛确实属于修行不凡的高僧。盖因雍正本身就属于洞悟禅理且老成多疑之人，超盛似无向雍正浮夸自己的必要，将自夸之语放在最后，已属比较谦虚了。

比较有趣的是雍正的朱批。超盛这篇奏折似乎并未写明具折日期，根据奏折内容所提日期推断，应该在该年的闰四月。看完超盛的上奏，雍正想到的并不是如何批复超盛奏折中的内容，而仅是批了四个字“欣悦览焉”。批完这四个字之后就迫不及待地向超盛提起了已经过去近三个月的事，雍正说四阿哥弘历在二月初七日得踏三关，其见地之奇，笔难书谕云云。“踏三关”并非由雍正最早提出，但在雍正悟道之后，结合自己的修证体会，以禅宗三关之理，提出了自己的解释。其具体解释见于《御选语录·御制序》中，初关为“夫学人初登解脱之门，乍释业系之苦，觉山河大地，十方虚空，并皆消殒，不为从上古锥舌头之所瞒，识得现在七尺之躯，不过地水火风，自然彻底清净，不挂一丝，是则名为初步破参、前后际断者”；重关为“破参后，乃知山者山，河者河，大地者大地，十方虚空者十方虚空，地水火风者地水火风，乃至无明者无明，烦恼者烦恼，色香味触法者色香味触法，尽是本分，皆是菩提，无一物非我身，无一物是我己，境智融通，色空无碍，获大自在，常住不动，是则名为破重关，名为大死大活者”；末后关为“透重关后，家舍即在途中，途中不离家舍，明头也合，暗头也合，寂即是照，照即是寂，行斯住斯，体斯用斯，空斯有斯，古斯今斯，无生故长生，无灭故不灭。如斯惺惺行履，无明执着，自然消落，方能踏末后一关”。这就是雍正所谓的踏三关或透三关，大致可以理解为禅宗修行的三重境界。对于弘历透三关的夸赞，雍正不遗余力，就像自己孩子取得好成绩，逢人便说的家长。雍正认为弘历在毫不费力中就踏过三关，不可思议，已经超过了自己。朱批中有四个字应该最能代表雍正的心态:“可幸可愧”,幸的是自己的皇子能够如此聪明,迅速踏过三关，更深远的内涵恐怕是自己这个皇储继承人幸未选错，将来自己也能向父皇有个交代了；愧的是自己自幼就喜读内典，参了这么多年，结果还不如这小孩子数月来不费心不费力的参悟成果，果然是后生可畏吾衰矣，或者更可以说是后生可畏吾知子且放心矣。当然，这段期间透过三关的还不止自己的儿子，还有慧海、张照等人，雍正也一并谕知，当然在朱笔之下这些人都总不及自己儿子。

讲完透三关如此等等之后，雍正似乎才想起了要跟超盛探讨一下自己对江南寺院的人事安排，即“朕意秋闲命超善来南，或住高旻，或住磬山，或住竹林，尚未定。据汝见与何处相宜？若系住磬山，实彻调往高旻，实源今超源来住圣因，元日来住天童”。在提这些安排的时候，雍正仍不忘“透三关”之事，说元日亦破了重关，总之在自己带领之下大家皆得踏过三关，明心见性了！

超盛奏折：

臣超盛跪奏闻事。窃臣僧于三月二十四日，由淮至扬。二十六日，舟次钞关贤王祠。苏州织造臣海保来扬，恭请皇上圣安。二十七日，进高旻寺院，一切俱系盐臣高斌委员办理。是日赴斋僧人，共有壹仟伍佰余众。仰蒙皇上洪恩，随喜僧俗，无不赞欢，心生惧喜，而办理之员，俱各诚敬，诸色齐备。高斌送臣僧斋衬银贰佰两，以及纱葛紬等礼物十余种。盐道尹会一、江常镇道王之锜，各送臣僧斋衬银一百两。贰拾捌日，阖郡商人设上堂斋，臣僧斋衬银一千两。而僧俗人等俱极众多。是日，佛事毕，京口将军王弦等，差人请至夹山竹林寺，上堂设斋。午后，同织造海保、淮关年希尧，过江舟次京口。将军王弦等，恭请皇上圣安。贰拾玖日，在竹林寺设斋，请臣僧上堂。诸事极尽至诚，送臣僧斋衬银伍拾两。

是日佛事后，臣僧同年希尧仍过江，回高旻寺，年希尧即起身回淮。海保在京口，回船前往苏州。三日内事难繁杂，仰蒙皇上恩光普照，工夫竟未觉浑，臣僧不胜踊跃。但高旻寺常住屡经更换，诸事废弛。臣僧竭力料理，遍访执事之人。有僧成定，系口纹庵元度之法子。看其为人，不失老诚，可充监院之任。扬城僧俗尽知其为人妥当，现在经管当家之事。臣僧于肆月拾贰日，起身前往常州，拾叁日到臣僧俗家。臣僧父母，先出城跪接恩赏。举家顶戴，阖郡瞻仰。老幼僧民，无不称颂皇恩浩荡，实难仰报。臣僧在家耽迟数日，于贰拾日自常州起身，前往磬山、龙池等处。事毕，至贰拾捌日放舟，于闰肆月初贰日抵苏抚。臣高其倬、着布政使祁明鼎、粮道姚孔纳等，至十里亭恭请皇上圣安。臣僧进织造衙门，住宿连日。海保参究本分，观其悟处，虽有见地，尚未十分清楚。现在著力精进，将来可望了明。至初四日，进怡贤寺院。是日，赴斋僧人有贰仟余众。海保十分诚敬，色色齐备，送臣僧斋衬银六百两，以及衣履绌缎器用物件，无不周到，随行侍者亦有斋衬。现在常住监院僧实恒，极其妥当。原系海保向日所安，是以一切事务井井有条。殿宇房舍，俱极相称，则是一切如意，皆仰蒙皇上万年之福。而怡贤寺，为姑苏第一之福地也。谨将高旻、怡贤两处进院法语，另折恭呈御览。其问答语句，甚繁不录。外有江南僧俗，信心佛法者十有七八。如名章、实彻等，与臣僧盘桓，俱各惊异，不得不为之更加精进。即未得见地者，俱各起向上之志，而在家真信心者，亦不乏人。借我皇上运佛慈力，遂有不期然而然之致。一并陈明，谨奏。

雍正朱批：

欣悦览焉。四阿哥二月初七日得踏三关，其见地之奇，笔难书谕，乃未来□所知者。更奇者，此数月来总不费心力，一些不动，几至一片矣。实不可思议，赶过朕之功夫矣。可幸可愧。书寄亦令汝发颜赧焉。前月慧海不料连踏三关，亦大奇，然尚不能运转，其夯，然甚属稳当。今日张照亦踏三关矣，一并谕之。

再朕意秋闲命超善来南，或住高旻，或住磬山，或住竹林，尚未定。据汝见与何处相宜？若系住磬山，实彻调往高旻，实源今超源来住圣因，元日来住天童。元日亦破重关矣。其他工夫如旧。灯下随笔，禅师莫哂。[1]

[1] 参见《雍正与禅宗》，老古文化事业股份有限公司1997年版，第99页。

第三章 雍正皇帝的《御选语录》《拣魔辨异录》及佛学思想

雍正皇帝的佛学见地和思想，可以比较容易地从其编辑的《御选语录》《拣魔辨异录》以及由他开始的《龙藏》进行研究。另外根据雍正与平郡王福彭之间谈论禅宗释理的朱批奏折中，可以看到即使是在出版《御选语录》后，雍正仍然很推崇自己早期编纂的另外一部名为《宝筏精华》的佛教典籍,《御选语录》则“不过备为涉猎之据耳，何暇记诵也”。无奈时至今日，《宝筏精华》已然难觅，我们只能从《御选语录》和《拣魔辨异录》等佛学著作中一窥这位帝王释主的佛学思想了。经过研究，雍正的这些著作明确指向了有类于永明延寿禅师万法归宗以及儒释道三教合一的思想。

毫无疑问，《御选语录》是雍正编纂流传最广、影响力最大的佛教典籍，可谓了解雍正与佛教，必会首先想到《御选语录》。那么我们首先就对这部典籍的佛学思想进行归纳总结，而遍观当前已有的学术成果，已经有对《御选语录》等雍正著作做了深入研究者，并且其研究结论不失中肯者，如释圣空法师的《清世宗与佛教》中有关《御选语录》以及《拣魔辨异录》的研究,又如张文良先生《雍正皇帝与〈御选语录〉》中的相关研究，在此姑且奉行一下拿来主义，借前辈的著作来一探雍正皇帝的佛学思想。

一、雍正皇帝与《御选语录》

关于《御选语录》乃至《拣魔辨异录》所表达的佛教思想，释圣空在《清世宗与佛教》中认为《御选语录》是正面讲道理，以阐述雍正“佛教诸宗合一”“佛道一致”的思想；《拣魔辨异录》则是用批驳的方式，来主张禅宗“五宗同源”。[1]根据释圣空的归纳，雍正在《御选语录》中体现了三点思想，一是重视真参实悟，反对呵佛骂祖；二是认同禅净合一，并对语录的选辑有自己的评判标准；三是对一些禅门公案也提出了自己的看法。在此仅将前两点参列于下。

第一，重视真参实悟，反对呵佛骂祖。有鉴于明末清初禅宗流行的毁佛、骂祖、骂僧和排斥经典三藏等弊病，使得雍正对“呵佛骂祖”之公案最为反感。但雍正并未在《御选语录》中批评临济义玄，反将义玄的语录收在一百五十六位禅师的合集中，因为雍正认为“（临济玄）见证与前选中诸大善知识，无二无别。但其传世语句，可采者止于此因，其难成卷帙，是以并在后集中”。可见雍正并非全然反对呵佛骂祖之人，而是要视其是否已达本分。相对的，雍正却对德山宣鉴大加呵斥，雍正对其著作一句不录，并批评德山的语录“无一则可采”，“如德山乃从历代推崇之古锥，而除一棒之外，详细搜求其垂示机缘，却无一则可采，不过会得个本无言说之理，不被天下老和尚舌头瞒地位耳，未踏向上一着在”。在《御选语录》的《御制后序》中，雍正又批评德山，谓之“如德山鉴，平生语句，都无可取，一味狂见恣肆，乃性音选《宗统一丝》，采其二条内一条，裁去前后语言，专录其辱骂佛祖不堪之词，如市井无赖小人诟谇，实令人惊讶，不解其是何心行，将以此开示学人耶？是何为耶？近世宗徒未踏门庭，先决堤岸，一腔私意，唯恐若不呵佛骂祖，则非宗门”。雍正认为佛祖乃圣人也，更是释子之师，那么“释子既以佛祖为祖父，岂得信口讥呵”。若人人模仿，专以呵佛骂祖为能事，甚至用来指桑骂槐，则好像“家之逆子，国之逆臣，岂有不人神共嫉，此乃天地所不容者？阎罗面前的刀山剑树，专为此辈而设”。对于祖师所设的呵佛骂祖之路，雍正认为这是为了去除众生之“圣见”，而开的方便道。由于众生不明心、佛、众生三无差别之理，因此分别真妄两途，此乃无始以来之见病。而祖师大德以慈悲之故，为了破除众生“根尘相对之妄”与破除“离妄绝对之真”，分别真妄，乃众生所执，唯有泯妄泯真，才能洞见自性。因而祖师无奈立此呵佛骂祖之教，只是为了接引初机者的善巧方便，以破除众生在经教名相上的执着，是方便禅道而非究竟真实理。雍正虽认为原初之呵佛骂祖是一种教化善巧，但同时又认为如果后人不明此理，望文生义，争相模仿，甚至学人饶舌，专以呵佛骂祖为能事，实在是违逆之道。第二，雍正编撰语录自有一套挑选禅师的标准，而且对于

[1] 参见释圣空《清世宗与佛教》，佛教导航网·五明研究·佛学杂论。

所选入的其他禅师语录也经过逐一筛选，哪怕是古来的大善知识，他所认为“未契真宗者概置不录”，一概不选入自己所编撰之《御选语录》中。在序言中，雍正提出了自己对禅师的选录原则：“未契真宗者概置不录，即古来大善知识，递相拈示之公案，少或不依本分，任其口头滑利即不与选焉。夫此不了言句，历代明眼善知识，非不知其为非第一义谛，或以祖父所遗，只得传为家珍，或因诸方检点，恐起争端，不无回互。不但不肯明以指斥，且弃短取长，除合拈提，将方寸之木，耸令高于岑楼，亦不过无奈，聊作门前之绕，岂实谓祖印在兹也。……如弘觉范《指月录》中，采其拈提处甚多，其支离谬妄处，与幻寄同，可谓同病相怜，不过令人发笑之戏具，更不必论者。……其言，虽皆数千百年以来，人人之所提唱；其人，虽皆数千百年以来，人人之所推崇，朕皆置之不论。盖历代震于其名，无人指出，殊不知此等未了之谈，杂入真正人天眼目之宗师语句中，后学岂能尽具参方眼。其目光如豆者，必致金矿莫辨、皂白不分，到此地位，自以为已造某古德所造之境，向上自然无路，妄为参学事毕，岂不是尽九州岛铁，铸成这一大错。此等语句，虽于提掇初机，发人净信，未始无功。然其功甚小，能令真正发心参学之人，中止化城，过由伊造，其过甚大。”从上述引文可知，雍正对于禅师们的认定与对语录的取材自有一套评定标准，那就是不重禅师的虚名美誉，只看其是否真参实悟。否则，就算其语录是千百年来人人之所提唱，其人是千百年以来众人之所推崇者，雍正也置之不论。虽然雍正特别声明：“其他批览未周，即采择未及，非曰此外无可取也。”其实雍正个人的认定标准是否真能“契合祖师西来意”，仍须保留。[1]

二、雍正皇帝与《拣魔辨异录》

随后雍正又编纂了《拣魔辨异录》。《拣魔辨异录》是雍正继《御选语录》之后又一部有关佛学禅宗思想的作品，毫无疑问，这部书的出版即等于是以帝王的身份钦定了密云圆悟与汉月法藏两个派系之间的禅宗争斗。诚如张文良先生在《雍正与禅宗》一书中所言，“雍正不仅自己参禅、谈禅，而且不惜以帝王身份，直接出面干预当时禅宗内部的派系之争，亲自撰制《御制拣魔辨异录》。并下谕，动用政治力量，打一派，扶一派，以期消除外魔知见，弘扬正法”[2]。

---

[1] 参见释圣空《清世宗与佛教》，佛教导航网·五明研究·佛学杂论。

[2] 参见《雍正与禅宗》，老古文化事业股份有限公司1997年版，第21页。

对此，首先解释一下明清之际的禅宗派系之争，这一争斗其实就是指明末清初禅宗临济宗中密云圆悟与汉月法藏两个派系间的争论。汉月法藏为扬州无锡人，本姓苏氏，他的父亲是一地方儒者，颇有节气。汉月在十五岁时（1587），便随家乡扬州德庆院院僧为童子，三年后正式落发为僧。据称汉月法藏很早便因为闻折竹声而开悟，但苦于没有师承，便在明天启四年（1624），为了入临济宗之流，证明自己在禅宗史上身份的合法性，以便名正言顺地开堂说法，到金粟山广慧禅寺拜密云圆悟为师。[1]虽然拜密云为师，但汉月又不同意密云的理论，所以在汉月法藏得到密云圆悟的印可后，又以叛师门之嫌，著《五宗原》批评密云圆悟的宗旨。密云圆悟一时处于非常尴尬的境地，只好著《七辟》《三辟》《辟妄救略说》等著作抨击汉月法藏，称其为外道种子，大骂："汉月妄攀高峰为得心之师，觉范为印法之师，真师则临济，正若世间无父之子，认三姓为父亲，遗臭万年，唾骂不尽。"以此二僧的争论开始了禅宗临济宗两个派系之间的争斗，先后加入争论的有密云圆悟的弟子木陈道忞，以及汉月法藏的弟子潭吉弘忍等。

雍正之《拣魔辨异录》即是为了肯定密云圆悟之宗派，以及否定汉月法藏一支而作。在《拣魔辨异录》中，雍正认为密云圆悟之语，"其言句机用，单提向上，直指人心，乃契西来的意，得曹溪正派"，对汉月法藏的言论则称之为"全迷本性，无知妄说。不但不知佛法宗旨，即其本师悟处，亦全未窥见。肆其臆诞，诳世惑人，此真外魔知见"。雍正还从汉月法藏之《五宗原》、潭吉弘忍之《五宗救》中择出八十余条，并逐条加以辩驳，痛斥其非。[2]

除去在理论上对汉月法藏一支进行打击外，雍正还传谕各地地方官对法藏一系进行打击。苏州巡抚高其倬在雍正十三年（1735）八月初八日向雍正具折上奏，其奏折主要内容就是关于雍正下谕要求削去法藏支派的。高其倬在奏折中称接到雍正上谕，上谕中有"天童密云悟派下法藏一支，所有徒众，着详细查明，尽削去支派，永不许复入祖庭。法藏子孙开堂者，即撤钟板，不许说法"[3]的内容。高其倬果然不遗余力地查访，在江苏境内查到许多寺院诸如"灵谷寺、崇报寺、圣恩寺、白马寺、翠严寺、北寺、瑞光寺、开元寺、宁邦寺、拈花寺、宝云寺、清凉寺、宝轮寺、天宁寺、北来寺、上方寺，具系法藏子孙开堂之所"。对于在

[1] 参见释圣空《清世宗与佛教》，佛教导航网·五明研究·佛学杂论。

[2] 参见《雍正与禅宗》，老古文化事业股份有限公司1997年版，第22页。

[3] 参见《雍正与禅宗》，老古文化事业股份有限公司1997年版，第116页。

这些寺院中的法藏子孙“即撤钟板，不许说法，并削去支派，永不许复入祖庭”。在如此严格的政治干预下，法藏一派陷入没落。

三、雍正皇帝与《龙藏》

在编纂完《御选语录》《拣魔辨异录》之后，雍正又启动了一项更加庞大的工程，即重新校对刊印《大藏经》，这项工程并未在雍正朝完成，一直延续到了随后的乾隆朝，于乾隆三年（1738）最终完成，也就是我们今天所称的《乾隆版大藏经》或《龙藏》，《龙藏》实际上成为了乾隆时代开朝的第一项文化工程。雍正十三年(1735)初，《龙藏》的刊板工作开始。是年二月初一日，雍正帝撰写了《御制重刊藏经序》：

粤自西汉，伊存口授佛陀经典于大月氏王使者，而震旦教始萌芽。其后摄摩腾、竺法兰随汉明帝求经使臣蔡情等至洛阳，而《四十二章》等经乃缄于兰台石室。魏晋而降，大德迭兴，翻译通明，中西不隔。达摩西来，演畅宗风，不立文字之的旨既昭，而文字于以掀天揭地。至隋大业间，智果于东都内道场撰诸经目，分别条贯。以佛所说经为三部：一曰大乘，二曰小乘，三曰杂经。其余似后人假托者，别为一部，谓之疑经。又有菩萨及诸深解奥义、赞明胜谛者，曰论及戒律，并有大、小及中三部之别，而佛经已多于六经数十百倍矣。唐奘法师出，能博涉经论，谓译者多所讹谬，乃躬往西域，广求异本，以参验之，周流三竺，十有七年。唐太宗诏将所得梵本六百五十七部，与房乔等，集诸硕学沙门翻译，定为经、律、论三藏。自唐宋以迄本朝，虽代有增益，而其宏规大略，则无改于唐之旧也。

明永乐间，刊板京师，是为梵本北藏。又有民间私刊书本，板在浙江嘉兴府，谓之南藏。朕敕凡之暇，游泳梵林，浓薰般若。因阅《华严》，知卷帙字句之间，已失其旧。爰命义学，详悉推究，讹舛益出。乃知北藏板本刻于明代者，未经精校，不足据依。夫以帝王之力泐成官本，犹乃如是，则民间南藏益可知已。爰集宗教兼通之沙门，在京师贤良寺，官给伊蒲，晓夜校阅，鸠工重刊。欲俾震旦所有三藏，不至简错字讹，疑人耳目。又历代名僧所著义疏及机缘语录，各就其时所崇信者陆续入藏，未经明眼辨别淄渑，今亦不无删汰，俾归严净。夫无边契经海，皆以一音演出，竖穷三际，横亘十方，方且立一，是名不可得，而何况于非然。既涉音声文字，则如来固善能分别诸相也，虽一字一句皆有正讹，不可以混。

犹夫中乘、小乘，皆以大乘为之纲骨，四十九年所说，无非大乘。智果简出小乘，别安名字，未为得也。而在小乘中，则一语一默，一进一止，皆有佛敕，又奚可以悖欤？然则斯刻也，别异归同，简讹从正，未必无小补云尔，是为序。

雍正十三年二月初一日

从雍正这篇序言来看，我们大概可以归结出两点：第一，雍正下旨重刊大藏经是因为明永乐年间于京师所刊刻的北藏“未经精校，不足据依”，而民间版的南藏，即《嘉兴藏》则可想而知更加不能作为流传后世的范本，所以雍正皇帝要下旨重新修订刊刻大藏经。而根据雍正在序言中所重点提到玄奘取经的目的以及唐太宗下诏译经，可看出雍正下旨刊藏经，或不啻为效仿太宗、玄奘之举。第二，雍正重订刊刻新版大藏经的地点位于“京师贤良寺”。贤良寺位于北京东城区现金鱼胡同、校尉胡同、煤渣胡同一带，寺庙建筑已基本不存在。该寺在明朝时是为著名的“十王府”，清入关定鼎中原后，这里就成了清王公贝勒的府邸。至雍正年间，这里成了怡亲王允祥的王府，雍正八年（1730）允祥死后，尊其遗愿舍宅为寺，于雍正十二年（1734）建成。允祥死后谥曰贤，并世袭罔替，寺名由雍正依其谥号钦赐名为“贤良寺”。

根据学者的研究，雍正重新刊印修订大藏经的真实目的有两个：第一，消弭反清宣传，继续巩固国基，稳固自己的帝位。明万历时民间僧众便开雕《径山藏》，后又转移南方继刻，又称为《嘉兴藏》。《嘉兴藏》刻后，至明末清初，又继刻《续藏》，增书达三百一十种。康熙五十五年（1716）又继刻《又续藏》，又增书达二百二十种。有相当一部分既不愿做降臣又不愿做顺民的知识分子选择了出家，遁入山林僧寺或一些道观，讲经说法，著书立说。而所著之书又有相当一部分被收入了《又续藏》当中，如方以智的《青原愚者智禅师语录》等。“这些明末遗民反清抗清的入藏著述，很使清廷高层统治者头疼。他们既不能下令禁毁佛藏，消弭反清宣传，又不能坐视不管，任其摇动大清根基，于是便想出了重刻大藏，剔除这些书的办法，借以依政府的力量和影响盖过《嘉兴藏》《续藏》《又续藏》的影响”。[1]第二，在《续藏》《又续藏》中还收有明末禅宗汉月法藏以及弘忍一派的著作。法藏的《五宗原》、弘忍的《五宗救》倡导思想诸如“隐迹岩丛，君王命而不来，诸侯请而不赴”等深招雍正嫉恨，“所以这部大藏的重刻，并不是施主要‘广种福田’，也不是僧众

[1] 参见李致忠《清刻〈龙藏〉漫议》，《北京图书馆馆刊》1996年第3期。

要祝皇上万寿，祈求国泰民安，而是隐藏着深刻的政治意图。但也正因为是政府出于政治需求，所以在刻印上便十分考究铺陈”。[1]

在笔者看来以上两点确实有可能作为雍正重订刊刻新版大藏经的真实目的，然而仍不能忽略雍正内心中确有真正向佛而且执着于自己所认定的佛教理论的那一面。之所以持此说，有以下几点原因：第一，雍正自青年时代就开始研读内典而崇信佛教，其自谓在皇子时期已然透三关而参悟有得。撇开几乎完全是编纂而来的《悦心集》不论，从《御选语录》中《和硕雍亲王圆明居士语录》确实也能看出雍正是有一定禅学修养的。第二，雍正自登基后在处理政务之余对禅宗修行等所谓“本分”事仍是念念不忘。除去在其执政后期如雍正十一年(1733)拉拢了一部分人如大学士张廷玉、鄂尔泰以及宝亲王弘历等在一起参究佛旨，日加讨论并美其名曰“当今法会”外，其实雍正在即位初期也不忘择机寻找臣子参禅论典，有时候还甚至因此而碰钉子。例如，在雍正五年（1727），青年时期曾为沙门的沈近思胜升任左都御史，雍正便问他:“你必定精通佛教宗旨，不妨陈说一些。”沈近思则不理皇帝这一套，而直言“是以臣愿皇上为尧舜，不愿皇上为释迦”。[2]这些也都说明雍正对于禅宗还是有一种近于痴迷的崇信，或有一种类似于文人遇擅长之事便技痒难耐的毛病。第三，雍正根据自己修行的经历提出参禅应该真参实悟、透三关等，他在《御选语录·御制序》的开篇就讲了：“如来正法眼藏，教外别传，实有透三关之理。是真语者、是实语者、不妄语者、不诳语者。有志于道之人，则须勤参力究，由一而三，步步皆有着落。非可颟顸函胡，自欺欺人。”[3]这与汉月法藏之呵佛骂祖的修行方式确实有所不同。在编纂《御选语录》后，雍正又编纂《拣魔辨异录》对汉月法藏五宗一类的言论专门进行有针对性的批判，这与他编纂出版《大义觉迷录》的做事风格很像，即愈是认为自己对的则愈要进行驳斥，不惜以帝王身份来编纂书籍，昭告天下。或者说他在编纂这些书籍的时候多半忘了自己的帝王身份，非要争出个是非曲直来，结果反倒因此而引起人们的种种猜测。第四，所谓汉月法藏一脉提倡“君王命而不来，诸侯请而不赴”之类的说法恐怕也不能站住脚。本书所讨论的另一位主人公迦陵性音禅师就是属于

---

[1] 参见李致忠《清刻〈龙藏〉漫议》，《北京图书馆馆刊》1996年第3期。

[2] 参见冯尔康《雍正传》，人民出版社1985年版，第447页。

[3] 参见[清]雍正编著，史原明主编《雍正御制佛教大典　御选语录》上，中国社会科学出版社2004年版，第1页。

汉月法藏一脉的嗣法弟子，但迦陵不也应王命住持柏林寺了嘛。

总之，雍正重新校订刊刻大藏经的目的应该是复杂的，应该不完全是因为政治目的，即消弭反清宣传，继续巩固国基，稳固自己的帝位，还应该包含了雍正对于佛教尤其是禅宗思想的研究及对禅宗内各流派思想的看法，文化与政治恐怕永远是交融在一起的，将这两种原因合一，恐怕才是最终导致雍正皇帝迫切地要再版大藏经的原因。

雍正于雍正十三年（1735）八月猝然驾崩，再版大藏经竟成了他的遗愿，接任皇帝位的乾隆必然也会继承先帝的遗志，继续推动这项启动于雍正朝的工程。据记载，负责编刊工程的官员、学者、高僧等达六十余人，监造人员八十余人，还募集刻字、刷印和装帧等优秀工匠八百六十余人，历时四年完成。全藏字体秀丽，镌刻精湛，如出一人；佛像等图板以白描手法绘刻，庄严而不失生动。初印一百零四部，颁赐各地禅院。此后至民国年间，又陆续刷印了数十部，共印行一百五十余部。自宋至清，木刻汉文大藏各代频出，唯有《龙藏》经板保存至今，其印本完整者亦极鲜见，因此，它在世界佛教史上占有重要地位。

人们常谓这部大藏经为《乾隆版大藏经》，其实称之为“《雍乾版大藏经》”也许更精确吧。

第四章　与雍正皇帝结识之前的迦陵禅师

迦陵禅师，清代早期著名禅僧，于毗卢寺真一禅师受具戒，在杭州理安寺梦庵禅师处参省，受得衣拂法印，是为临济正宗第三十四世嗣法传人。一生参学、演法遍及江南塞北多处著名禅寺，如京师柏林寺、大千佛寺、塞北法林寺、杭州理安寺、江西归宗寺和京西大觉寺等，其修行之深切，证悟之圆通，深获禅门大德印证及淄素追随。

《理安寺志》与《庐山归宗寺志》是目前已知关于迦陵禅师传记描述最为详细的文献，虽《新续高僧传》等也有相关记载，但都过于简略，若欲深入探究迦陵生平，绝不能忽略此两份档案，故先将《理安寺志》与《庐山归宗寺志》中“迦陵禅师传记”部分辑录于此，以便后面进行分析阐述。

《理安寺志》传临济正宗第三十四代第十八次住持迦陵音禅师：

师讳性音，号迦陵，别号吹馀，系沈阳望族，父李，母许，梦大日轮堕怀而生师，康熙十年九月二十日也。面如满月，童时就塾，初受章句，于性命之说，即能诘问，及长，不乐世缘，长怀出尘之念，限于父兄。至二十四岁，决志投高阳毗卢真一和尚，求剃发，寻受具戒，一示“本来面目”话，令参，默有省，辞一南游，其时济洞下尊宿法席相望，师皆参叩，机不契。至杭之理安，谒梦庵老人，命掌记室，每有垂问，横机不让，遂授衣拂，升西堂。未久，辞庵出山，道经六安州，爱雪峰山水之胜，颇有终志。康熙丁亥春，庵受京都柏林请，寓书招师，入京修觐，举师立僧，先是庵领众数十年，所至不立首座。众或强之，庵云:我至七十岁，方补此职。”至是，乃符其言。分座临众，勘验接引，真切简要，一众服师钳椎。戊子夏，庵示寂。诸山耆旧坚请继席，不允，遁之西山。缁素复以大千佛寺，敦逼出世，据座提唱，广众翘仰，为法为人，剿知刊见，于是方来英俊，奔趋恐后，座下满至三千余指，禅风为之大振，一言半句，流布诸方，咸叹希有，前后六载，得益如林焉。乃镌锡补处柏林之席三年，而杭之理安虚席以待，复应三年，遂委之祖灯和尚。欲避酬应之繁，事山水之适，江右方伯兆麟许公以庐山归宗，请为栖息之地，欣然应之，未逾年，而有京都大觉寺之命。雍正元年春，谢院事，飘然南下，一瓢一笠，山栖水宿，居无定止，四方征书交至，概却之。雍正四年秋，复还归宗之吹馀静室，九月廿日示微疾，候安者皆作悲戚状，因举疏山造塔公案，逐段拈颂，内有“此处埋老僧，不得羊肠鸟道”。自庚辛之语此，虽最后垂范，而实预示迁塔京都西山之大觉也。越七日，二十九日酉时泊然而逝，世寿五十有六，僧腊三十有三。礼亲王特为奏闻，敕赠圆通妙智大觉禅师，建塔于京西天寿山。师悟证真实，知见高卓，应机说法，超情离见，非悟弗易凑泊，至于勘验悟门，征诘见地，眼明手亲，深心大力，不特晚近所罕睹者，故领众二十年，坐九道场，参徒浩归依止者，弗忍去，生平不喜为酬应笔墨，惟笔削禅书，裨益后学，有《十会语录》二十卷,《语要》《指要》各一卷外集《宗鉴法林》七十二卷,《是名正句》八卷,《宗统一丝》十二卷,《杂毒海》八卷，皆刊刻行世。受嘱者九人。门人实綍撰行实。[1]

《庐山归宗寺志》迦陵国师传：

师讳性音，号迦陵，别号吹馀，系沈阳望族，父李，母许，梦大日轮堕怀而生师，实康熙十年二十日也。面如满月，童时就塾，初受章句，于性命之说，即能诘问，咸异之，及长，不乐世缘，惟怀出尘之念，限于父兄，至二十四岁，决志投高阳毗卢真一和尚，求剃发，寻示具戒，一示“本来面目”话，令参，默有省，辞一南游，其时济洞下尊宿法席相望，师皆参叩，机不契。至杭之理安，谒梦庵老人入室，次庵云：“灵云见桃花，即不问因甚示沙道未彻？”师云：“老老大大向这里纳拜□。”庵云：“是实相问。”师展坐具云：“且礼□□覆却。”庵顾而哂之，命掌记室，每有垂问，横机不让，遂授衣拂，升西堂。未久，辞庵出山，道经六安州，爱雪峰山水之胜，颇有终志。康熙丁亥春，庵受京都柏林请，寓书招师，入京修觐，举师立僧，先是庵领众数十年，所至不□首座，众或强之，庵云：“我至七十方补此职。”至是，乃符其言，分座临众，勘验接引，真切简要，一众服师钳椎。戊子夏，庵示寂。诸山耆旧坚请寄席，不之允，遁之西山。缁素复以

[1] 参见[清]释实月撰《理安寺志》卷五《禅宗》，江苏广陵古籍刻印社1996年版，第250—253页。

大千佛寺，敦逼出世，据座提唱，广众翘仰，为法为人，剿知刊见，于是方来英俊奔趋恐后，座下满至三千余指，禅风为之大振，一言半句，流布诸方，咸叹希有，前后六载，得益如林焉。乃镌锡补处柏林之席三年，而杭之理安虚席以待，复应三年，遂委之祖灯和尚，欲避酬应之繁，事山水之适，方伯兆麟许公以庐山归宗，请为栖息之地，欣然应之，未逾年，而有京都大觉寺之命，是师之末后应元也。雍正元年春，谢院事，飘然南下，从此一瓢一笠，山栖水宿，居无定止，四方征书交至，概却之。雍正四年秋，复还归宗之吹馀静室，九月二十二日示微疾，候安者皆作悲戚状，因举疏山造塔公案，逐段拈颂，内有“此处埋老僧，不得羊肠鸟道”。自庚辛之语此，虽最后垂范，而实似预示迁塔京都西山之大觉也。越七日，二十九日酉时泊然而逝，世寿五十有六，僧腊三十有三。师悟证真实，知见高卓，应机说法，超情离见，非悟弗易凑泊，至于勘验悟门，征诘见地，使异魔不能托寄，邪谬不使传染，师之眼明手亲，深心大力，不特挽近所罕睹者，故领众二十年，坐九道场，参徒浩归依止者弗忍去，生平不喜为酬应，笔墨惟笔削禅书，裨益后学，有《十会语录》二十卷，《语要》《指要》各一卷；外集《宗鉴法林》七十二卷，《是名正句》八卷，《宗统一丝》十二卷，《杂毒海》八卷，师之著述也。嗟夫！悟真实道，示真实行，说真实法，度真实众，师之所以为师者，如是尔。师门人遍天下，法嗣亦夥。真身既迁京都，门人实綍、法子大觉等与督修何懿复为师衣钵塔，以当胜迹。同年十二月，世祖宪皇帝褒赐碑文追赠国师谥曰圆通妙觉大智禅师其文曰：

扬正觉于法门，高风如在；表清修于净域，契密犹传。特赉丝纶，用垂琬琰。尔性音心灵炯彻，见地高超，似明镜之无尘，比慈灯之远照。朕藩邸多暇内典，时披深究性宗直探微妙间，与缁流相接，惟尔品谊最高，睿般若之心源，虚名湛寂；阐能仁之妙谛，愿力弘深。爰选胜于西山，俾栖禅于大觉。自朕丕绍鸿图，尔遂力辞凤阁，飘然瓶钵，归隐匡庐，谨守清规，远离尘境，名不闻于宰史，果已证于法王。方畅遐迹，忽闻示寂，式稽恩例，追赠尔为国师，谥圆通妙觉大智禅师，所著语录悉入经藏。呜呼！慈云拥护胜因昭示于恒沙，佛日光华慧业长当于梵天，余徽永播不亦休欤！[1]

[1] 参见[明]释德清纂，[清]周宗建订补《庐山归宗寺志》卷一，江苏广陵古籍刻印社1996年版，第87—93页。

一、迦陵禅师的出生

迦陵和尚，讳性音，号迦陵，别号吹馀。出生于沈阳望族之门，父亲姓李，母亲许氏。传说其母梦见大日轮堕入怀中，随后迦陵降生。

关于迦陵禅师的出生时间，很多文献一直无载，《迦陵禅师与雍正皇帝》一文中说："迦陵是沈阳（今辽宁省沈阳市）人，生年不详。"《大觉禅寺》一书中也这样描述："迦陵（？—1726），沈阳人，俗姓李，法名性音，字迦陵，别号吹馀。"此外，在大觉寺存康熙五十九年《送迦陵禅师安大觉方丈碑记》《中国佛学人名辞典·性音》《高僧传合集·清杭州理安寺沙门释性音传》中，虽有对迦陵禅师的记载及赞誉，却都没有提及他的出生日期，只知晓，雍正四年（1726）秋，迦陵禅师示寂，这样，就很难判断迦陵禅师示寂时是怎样一个年龄，对于其入主柏林、千佛、法林、理安、大觉、归宗等著名禅寺时他自身的身世背景及佛学造诣等缺乏一定的判断力。所幸的是，从迦陵禅师所住持过的寺庙入手进行考查，最终从杭州理安寺的《理安寺志》和江西庐山归宗寺的《庐山归宗寺志》文献中得到了准确的答案。

关于迦陵和尚的出生，《理安寺志》这样记载：

师讳性音，号迦陵，别号吹馀，系沈阳望族。父李，母许，梦大日轮堕怀而生师。康熙十年九月二十日也。面如满月。童时就塾，初受章句，于性命之说，即能诘问。及长，不乐世缘，长怀出尘之念，限于父兄。[1]

《庐山归宗寺志》载：

师讳性音，号迦陵，别号吹馀，系沈阳望族。父李，母许，梦大日轮堕怀而生师。实康熙十年二十日也。面如满月。童时就塾，初受章句，于性命之说，即能诘问，咸异之，及长，不乐世缘，惟怀出尘之念，限于父兄。[2]

细心审阅不难发现，在归宗寺传记中竟将迦陵禅师出生时间中的月份遗漏。为何会有如此纰漏？观《庐山归宗寺志》书板为民国三年（1914）雕刻，字迹粗糙，概为民国兵荒马乱之时编纂而成，编校粗率亦在所难免。

---

[1] 参见[清]释实月撰《理安寺志》卷五《禅宗》，江苏广陵古籍刻印社1996年版，第250页。

[2] 参见[明]释德清纂，[清]周宗建订补《庐山归宗寺志》卷一，江苏广陵古籍刻印社1996年版，第87—88页。

就现已查阅文献可知，《理安寺志》是关于迦陵禅师出生时间记载最为详尽的一份档案资料。

《理安寺志》，八卷，清释实月纂。实月字智朗，理安寺僧，自称“南涧五世孙”。经几度搜辑遗文故实，约于乾隆二十四年（1759）编成是志，曾请杭世骏校正志稿。释实月于乾隆中前期编纂的寺志文献，与康熙、雍正时期相去不远，且实月为理安寺“传临济正宗第三十五代第二十六次住持”，其师为“传临济正宗第三十四代第二十四次住持佛日义禅师”，其师翁为“传临济正宗第三十三代第十五次住持越鉴彻禅师”，而“传临济正宗第三十三代第十三次住持梦庵格禅师”与越鉴彻禅师是同门师兄弟，迦陵音和尚是梦庵格的入室弟子，是越鉴彻的师侄，也是佛日义的师兄，那么从佛门辈分上分，迦陵禅师则是实月的师伯了。实月所做《理安寺志》，关于迦陵禅师的相关记载，应是较为可信的文献资料。所以在撰述本文时，多引用《理安寺志》内的文献内容以辅助说明。

迦陵出生于康熙十年（1671）九月二十日，出生之时面如满月，神清气朗。他自幼明敏好学，因家境富裕而就读于私塾，少习儒学，初受章句于性命之说，即能诘问深究义理。他稍长大些后，便不喜欢纠缠于世俗之事，常常怀有出离尘俗之念，因为受限于其父及兄长，而一直未能如愿。

即使如此，出家修行的念头已然种下，且与日俱增，只要机缘契合，他必将迈入佛门，开始他的僧侣生涯。

二、毗卢寺剃发出家

剃发出家，谓之修行的开始。

剃发的风俗在古代印度用于重犯，即对犯重罪之人最重惩罚的方式就是把他的头发去掉。在古代印度，一般人都留着长长的头发的，包括那些苦行的人，即使头发长得很长也不去剪。在当时如果谁把自己的头发剃掉了，他会认为那是自己的奇耻大辱。佛陀释迦牟尼就是为了舍弃他在外人看来的高贵出身，舍弃以头发为庄严相的骄傣之心，所以在出家之时自己拔下利剑剃除了须发。后来佛教也把剃发代表斩断烦恼之仪轨，所以说出家把剃发作为一个标志是有其特殊内涵的。

依律制，剃发是出家必备的条件之一，故《四分律藏》云:“应剃发，着袈裟。”即现出家相，与公认的沙门释子形象相同，以区别于俗人、外道。但是，如果只是剃发，受五戒，而没受十戒，仍然还是一个光头俗汉，律中称为“形同沙弥、形同沙弥尼”。佛制有云：若度出家者，应和僧作法，告知大众。也就是必须寺庙内全体僧众集中在一起作法，允许为此人剃发。依南山律祖道宣律师所说，此时大众僧作的法，就叫作“形同单白羯磨”（单白羯磨，是僧中决议事情的方法之一）。因此，出家，除了剃除须发，着袈裟，在外相上现出家相外，最重要的还得受十戒。因为只有受了十戒，才算真正出家，称为“法同沙弥、法同沙弥尼”。依南山律典，受十戒时所作的法，叫作“法同单白羯磨”。可见，剃发不等于出家，但出家必须剃发。

康熙三十三年（1694），时已二十四岁的迦陵终于下定决心，离开家乡，来到河北高阳的毗卢寺，决志在此剃发出家。

毗卢寺位于河北石家庄市西郊上京村，是中国佛教临济宗的一座古老庙宇，以保存有精美的古代壁画而闻名。据《方舆汇编》和寺内现存碑碣记载，毗卢寺始建于唐朝天宝年间，宋、元、明、清各朝均有重修。原来规模较大，建筑较多，现仅存释迦殿和毗卢殿。毗卢殿中央佛台上供奉的是佛教的本尊主佛毗卢遮那佛（印度语，意为光明普照），故称该寺为毗卢寺。两殿内均绘有壁画，绘制面积共二百多平方米，是我国目前保存较为完好的明代重要壁画之一。1996年，毗卢寺与北京的戒台寺、东岳庙、历代帝王庙、钟鼓楼等建筑群同时被国务院评定为第四批全国重点文物保护单位。

在这座寺院里，真一禅师为迦陵剃发，受具戒。真一禅师出示本来面目，言行间，迦陵参默有省。

迦陵选择了这样一座规模宏大、地位崇高的寺院出家，可以看出他对于修行生活也有着自己高远的理想。

对于迦陵剃发出家的经历，《理安寺志》中这样记载：“至二十四岁，决志投高阳毗卢真一和尚求剃发，寻受具戒。一示本来面目，话令参默有省。”[1] 此外，《庐山归宗寺志》《新续高僧传》等文献也有相关记载。

三、承继临济宗衣钵

衣钵相传，是佛教禅宗嗣法门人的重要传承方式。衣钵是指僧尼的袈裟和食器，中国禅宗师徒间道法的授受，常付衣钵为信证，称为衣钵相传。禅宗自初祖至五祖皆以衣钵相传，作为传法的信证，六祖以后不再传。后衣钵相传，谓其传

[1] [清]释实月撰《理安寺志》卷五《禅宗》，江苏广陵古籍刻印社1996年版，第250页。

授佛法之真谛，获得传承佛法之印可。

迦陵和尚并不满足于已知的佛理，他跟随真一禅师修行一段时间后，辞别真一而南游，仿善财童子五十三参之典故，游历名山古刹，参访高僧大德，最重要的经历便是拜谒杭州理安寺的梦庵老人。

梦庵禅师，名超格，号梦庵，为临济正宗第三十三代嗣法传人，理安寺第十三次住持。生于崇德己卯（1639）五月七日，世为江南芜湖人，姓丁氏。二十八岁始投金陵清凉寺剑门和尚落发，秉宝华山见月禅师具足戒，历参诸方老宿，后参天笠禅师，横机不让。康熙丁亥（1707）受诏入京师柏林寺，康熙戊子（1708）六月二日示寂，世寿七十，僧腊四十二。有两名嗣法弟子：迦陵音和调梅鼎，这两名嗣法弟子均秉承了梦庵禅师衣钵，留下了不朽的佛学著作，弘法于禅林，扬名于青史。[1]

迦陵拜谒之后，梦庵老人命其掌理记室，每有垂问，迦陵横机不让。于是梦庵禅师超越常格，把临济衣钵传与迦陵，并使其升至西堂。

临济宗是禅宗五个主要流派之一，从曹溪的六祖慧能，历南岳、马祖、百丈、黄檗，一直到临济的义玄，于临济禅院举扬一家，后世称为临济宗。义玄是慧能的六世法孙，又临济六世孙为石霜之圆禅师，圆禅师以后分杨岐派、黄龙派。

黄檗希运禅师提倡无心，“无心者，无一切心也。如如之体，内如木石，不动不摇；外如虚空，不塞不碍。无方所，无相貌，无得失。”又说：“但能无心，便是究竟。”希运继承了马祖道一“即心即佛”的思想，力倡“心即是佛”之说，“性即是心，心即是佛，佛即是法”。他从这一思想出发，主张“以心印心，心心不异”，后世故有“心心相印”一说。

临济义玄主张“以心印心，心心不异”，是自本心，不生不灭，斯何别乎，本圆满故，有别后世“心心相印”一说。临济义玄上承曹溪六祖惠能，历南岳怀让、马祖道一、百丈怀海、黄檗希运的禅法，以其机锋凌厉、棒喝峻烈的禅风闻名于世，现存《临济录》和《祖堂集》卷十九、《景德传灯录》卷十二等记载了他的生平事迹和禅法。

在禅门五宗中，临济宗流传时间长，影响大，与临济宗创立者义玄的禅法思想有密切关系。概略地说，义玄要求弟子和信徒首先必须建立对佛法、解脱和修行的“真正见解”；确立“自信”，相信自己“本心”与佛、祖无别，无须向外

[1] [清]释实月撰《理安寺志》卷五《禅宗》，江苏广陵古籍刻印社1996年版，第244—248页。

求佛求祖，寻求解脱成佛，主张修行不离日常生活。

梦庵格禅师，曾与普明禅师相和，以禅门十牛图禅诗，来启示学人。禅门十牛图，喻示禅宗修心的十个阶段。大凡熟悉佛教禅学的都知道，唐代的大禅师们，诸如马祖道一、百丈怀海，很喜欢用“牧牛”比喻“治心”。《景德传灯录》记马祖问石巩：“汝在此何务？”答曰：“牧牛！”同书记长庆懒安称自己在沩山三十多年不学沩山禅，但牧一头水牯牛。这些牧牛公案后来逐渐形成图卷，并由许多禅师依据图卷作成偈颂，从而成为图文并茂的禅门心法著作。

历代禅师用十牛图教化禅宗学徒，以及为该图做禅宗式的诗颂者颇有其人。比较著名的有宋廓庵师远的《十牛图颂》，明胡文焕的《十牛图颂》，清梦庵超格的《牧牛图颂》（皆收在《大日本续藏经》[1]第113册）。普明的牧牛图颂所绘之牛由黑变白，分成未牧、初调、受制、回首、驯伏、无碍、任运、相忘、独照、双泯十个阶段，其着眼点在于调心证道，以人牛不见、心法双亡为最高境界，修行方法上主循序渐进、历阶而升，带有神秀一系“渐修”的特色。

【未牧第一】

狰狞头角恣咆哮，奔走溪山路转遥；
一片黑云横谷口，谁知步步犯佳苗。

梦庵格禅师和

野性颠狂声乱哮，归途不识路歧遥；
那知脚下泥深浅，只管犇驰混踏苗。

【初调第二】

我有芒绳蓦鼻穿，一回奔竞痛加鞭；
从来劣性难调制，犹得山童尽力牵。

梦庵格禅师和

潜通一窍鼻初穿，穿了才堪痛下鞭；
左右拘挛时不放，一条芒索紧相牵。

【受制第三】

渐调渐伏息奔驰，渡水穿云步步随；

[1]《大日本续藏经》，即《卍续藏经》，该书收有迦陵和尚编著的《宗鉴法林》《是名正句》《杂毒海》三种。其中《宗鉴法林》编于该书第一辑第二编禅宗语录通集部，现北京国家图书馆藏此书，其中《宗鉴法林》的编号为18872：576—580。中华民国三十六年六月上海涵芬楼影印。

手把芒绳无少缓，牧童终日自忘疲。

梦庵格禅师和

从今不敢复狂驰，信手牵来也肯随；
几度披蓑陇亩里，栉风沐雨那曾疲。

【回首第四】

日久功深始转头，颠狂心力渐调柔；
山童未肯全相许，犹把芒绳且系留。

梦庵格禅师和

要骑背上便低头，拽转头来性亦柔；
只恐有时还倔强，垂杨阴里尚拘留。

【驯伏第五】

绿杨荫下古溪边，放去收来得自然；
日暮碧云芳草地，牧童归去不须牵。

梦庵格禅师和

月下风前山水边，随从到处竟恬然；
相看彼此无回互，收卷绳头不用牵。

【无碍第六】

露地安眠意自如，不劳鞭策永无拘；
山童稳坐青松下，一曲升平乐有余。

梦庵格禅师和

人牛相伴已相如，鞭索全抛浑不拘；
抵耳攒蹄安稳卧，悠扬笛韵乐无余。

【任运第七】

柳岸春波夕照中，淡烟芳草绿茸茸；
饥餐渴饮随时过，石上山童睡正浓。

梦庵格禅师和

尽日终年在此中，春回大地草初茸；
随时饮啖随他去，管带无劳任睡浓。

【相忘第八】

白牛常在白云中，人自无心牛亦同；

月透白云云影白，白云明月任西东。

梦庵格禅师和

白牛谁道雪山中，此日看来一色同；
牛也萧闲人也散，任他南北与西东。

【独照第九】

牛儿无处牧童闲，一片孤云碧障间；
拍手高歌明月下，归来犹有一重关。

梦庵格禅师和

牛既忘兮心自闲，闲闲来往在山间；
灰头土面浑无事，枯木岩前尚有关。

【双泯第十】

人牛不见杳无踪，明月光含万象空；
若问其中端的意，野花芳草自丛丛。

梦庵格禅师和

绝无人影与牛踪，阶级何为凿太空；
究竟本来无一物，依然万象自丛丛。[1]

受得临济衣钵后没过多久，迦陵便辞别梦庵继续出游，途经安徽六安州时，因为喜欢雪峰的山水胜景，颇有终止停留于此之志。

然而命运恰恰在此时发生了重要的转折。

康熙四十六年（1707），梦庵禅师受诏至京师柏林寺主方丈，并写书信召迦陵入京修觐，迦陵受恩师之召而来。正是这个决断，深深地影响了迦陵的余生命运，也正是在此时，迦陵结识了与柏林寺毗邻而居的雍亲王皇四子胤禛。

关于迦陵承继临济宗衣钵之事，《新续高僧传》载：

辞一南游。时济洞尊宿，法席相望，音皆谒叩，多未能契。及见梦庵于理安，便入记室。庵每有垂问，横机不让，竟授衣拂。已而辞去，道经六安，爱雪峰山水之胜，颇欲栖止。康熙丁亥，梦庵主柏林，寓书招之……[2]

[1] 参见《嘉兴大藏经》(新文丰版)，第二十三册NO.B129,《牧牛图颂》。

[2] 参见《清杭州理安寺沙门释性音传》,《高僧传合集》之《新续高僧传四集》卷第二十五，上海古籍出版社1991年版，第857页。

《理安寺志》载：

辞一南游，其时济洞下尊宿法席相望，师皆参叩，机不契。至杭之理安，谒梦庵老人，命掌记室，每有垂问，横机不让，遂授衣拂，升西堂。未久，辞庵出山，道经六安州，爱雪峰山水之胜，颇有终志。康熙丁亥春，庵受京都柏林请，寓书招师，入京修觐……[1]

《庐山归宗寺志》载：

辞一南游，其时济洞下尊宿法席相望，师皆参叩，机不契。至杭之理安，谒梦庵老人入室，次庵云："灵云见桃花，即不问因甚示沙道未彻？"师云："老老大大向这里纳拜□。"庵云："是实相问。"师展坐具云："且礼□□覆却。"庵顾而哂之，命掌记室，每有垂问，横机不让，遂授衣拂，升西堂。未久，辞庵出山，道经六安州，爱雪峰山水之胜，颇有终志。康熙丁亥春，庵受京都柏林请，寓书招师，入京修觐……[2]

迦陵生于康熙十年（1671），二十四投高阳毗卢真一和尚受戒出家时，应为康熙三十三年（1694），而至理安谒梦庵老人入室的时间，多方查找资料，未果，"未久，辞庵出山，道经六安州，爱雪峰山水之胜，颇有终志。康熙丁亥春，庵受京都柏林请，寓书招师，入京修觐，举师立僧。"康熙丁亥即康熙四十六年（1707），迦陵追随梦庵入京师柏林寺，那么迦陵在理安寺参拜梦庵禅师应是康熙三十三年（1694）至康熙四十六年（1707）之间的事情。梦庵老人可谓迦陵在禅林中参学弘法的引路人，如果没有当年的参拜，迦陵不会追随梦庵至京师，不入京师柏林寺，就不会有与雍亲王胤禛之间的际遇，不结识雍亲王，理安寺就不会因迦陵而中兴，迦陵也不会有如此多入主千佛寺、大觉寺等禅宗古刹的机缘，当然迦陵也大概不会"飘然南下，一瓢一笠，山栖水宿，居无定止"，"示微疾，候安者皆作悲戚状……泊然而逝"。至于迦陵圆寂之后"国师"的封号，以及身后的荣辱，就更是缘起于这一线了。

[1] 参见[清]释实月撰《理安寺志》卷五《禅宗》，江苏广陵古籍刻印社1996年版，250—251页。

[2] 参见[明]释德清纂，[清]周宗建订补《庐山归宗寺志》卷一，江苏广陵古籍刻印社1996年版，第88页。

第五章 迦陵禅师与雍正皇帝的相遇

一、初入京师柏林寺

康熙四十六年（1707），梦庵禅师入主京师柏林寺，迦陵也受召而来。梦庵禅师因年事已高，举荐迦陵领众修行，迦陵时年三十七岁。或许是年龄太轻，或许是资历太浅，起初他并未得到僧众的认可。后因“分座临众，勘验接引，真切简要”，众人便倾服于迦陵的真参实悟之修为。有记载说他“智逞无畏，说纵无碍，辩演无上菩提以祝无量”，使听者“每于捶拂之下，不独耸耳，且乃惊心”。

柏林寺在雍亲王府（今雍和宫）之东，为京师八大寺庙之一。元至正七年（1347）始建，明正统十二年（1447）重建。规模最大的一次修缮是在康熙五十二年（1713），为庆祝康熙六十寿辰，由胤禛主持重修；后乾隆二十三年（1758），又一次拨巨款进行重修。柏林寺坐北朝南，主要建筑全设在南北中轴线上。自南而北依次为山门、天王殿、圆俱行觉殿、大雄宝殿和维摩阁共五进院落，中轴建筑的东西两侧为配殿。整座寺院布局整齐严谨，规模宏大，现在为全国重点文物保护单位。

柏林寺与雍亲王府相去不远，雍正在藩邸时和登位后，先后有著名禅师梦庵、迦陵、调梅（调梅与迦陵为师兄弟，二人均为梦庵禅师的嗣法传人）等住持寺务。

正是从这座寺庙开始，迦陵开启了与雍正之间的佛缘之旅。

迦陵曾两次驻锡京都（今北京）柏林寺，第一次是康熙四十六年（1707），第二次是康熙五十五年（1716）。因柏林寺毗邻雍正潜邸雍王府，所以迦陵与胤禛的结识与交往，即始于此时。

康熙五十五年（1716），迦陵以禅宗付法传人身份住持柏林寺，其法事活动除开堂演法外，还继主集云堂，编著刊印佛家内、外典籍，已知的有《宗鉴法林》《是名正句》《宗鉴指要》《杂毒海》《宗鉴语要》数种。其中《宗鉴法林》七十二卷，《是名正句》八卷与《杂毒海》八卷，后来收入《大日本续藏经》。据《宗鉴法林》书前《凡例》言：“是书之会集也，始于壬辰（康熙五十一年，1712）春。在塞北之法林寺。其镌板讫工也，于甲午（康熙五十三年，1714）夏，在京师柏林之宗鉴堂。今题曰《宗鉴法林》，识地也。”又曰：“是书初刻于京都，公案二千五百有零。二刻于理安，复增入一百五十余则，共成二千七百二十则。”据上引可知，迦陵和尚的大部分著作，都成书或刊印于杭州的理安寺和北京的柏林寺。

二、大千佛寺——演法六年

康熙四十七年（1708）夏，梦庵禅师圆寂，诸山耆旧请迦陵出任柏林寺方丈，乃遁[1]之，西山缁素复以大千佛寺（今拈花寺）敦逼出世。于是迦陵开始在大千佛寺开堂演法，据座提唱，广众翘仰，为法为人，劖知刊见。于是方来英俊奔趋恐后，座前环绕三千余指。

大千佛寺，即今之拈花寺，位于西城区，建于明万历九年（1581），因寺内千佛阁有明代所铸铜佛“毗庐世尊莲花宝千佛”，座如莲花，在佛座周围的千朵莲花上有千佛旋绕，故名护国报恩千佛寺。大雄宝殿内有古铜罗汉像十八座和二十四诸天像，大雄宝殿前有《新建护国报恩千佛禅寺碑记》和《新建护国报恩千佛寺宝像记》，二碑均为明万历九年立。清雍正十二年（1734）重修，名拈花寺。殿外额曰“觉岸慈航”，殿内额曰“普明宝镜”，雍正帝御书。大雄宝殿月台前立有世宗御制清雍正十二年《拈花寺碑》。拈花寺现有面积六千余平方米，寺院坐北朝南，房屋百余间，分三路，各五进院落。中路依次为影壁、山门、八字墙，石券门上“敕建拈花寺”，钟鼓楼、天王殿、大雄宝殿、伽蓝殿，后为藏经楼。东路有六层殿，西路有四层殿。西路的祖堂为一“凹”字形建筑，前有方形四角攒尖亭，名素心亭。寺内铜神像一部分移白塔寺，一部分移法源寺。1926年在内律堂曾开办拈花寺小学，现在为北京市重点文物保护单位。

康熙四十七年（1708）至康熙五十二年（1713），迦陵在大千佛寺开堂演法，前后六年。入主千佛寺时，他年仅三十七岁。禅风斯卤，得益如林。

关于在大千佛寺演法之事，《理安寺志》载：“戊子夏，庵示寂。诸山耆旧坚请继席，不允，遁之。西山缁素复以大千佛寺敦逼出世，据座提唱，广众翘仰，

[1] 遁：逃避、归隐。

为法为人，剿知刊见，于是方来英俊奔趋恐后，座下满至三千余指，禅风为之大振，一言半句流布诸方，咸欢希有，前后六载，得益如林焉。”[1]此外，《庐山归宗寺志》《新续高僧传》等文献也有相关记载。

今天在北京大觉寺，藏有迦陵编著的木刻书板五种，分别为《宗鉴指要》（一卷，佛鉴序），《宗鉴语要》（一卷，侍者如纶编），《宗鉴法林》（原为七十二卷，间有散佚，尚存六十八卷，集云堂编），《是名正句》（八卷，略有散佚，宗鉴堂编），《杂毒海》（八卷，间有散佚，诗集，京都佛泉嗣祖沙门性音重编）。这些书板，应是迦陵住持柏林寺务时（康熙五十五年至五十八年）所镌，其中《宗鉴法林》《是名正句》《杂毒海》为重编重镌（按：以上三书此前在杭州理安寺曾刊印，并被编入《大日本续藏经》中），而《宗鉴指要》和《宗鉴语要》两种，则为新编初镌，内容主要记述迦陵本人语录，还间接记录了雍亲王胤禛的一些法事活动和语录。这两种著作在雍正朝因语涉最高统治者，关碍颇多，所以镌板后，可能一直没有印行。

迦陵聪慧过人，博闻强记，诗文俱佳。他一生著述宏富，除上述5种外，尚有《十会语录》二十卷、《宗统一丝》十二卷。可惜，因其晚年的一些特殊遭遇，他留下的许多最能见其心性的文字，多已不传。

三、雍亲王府内——参禅论道

迦陵和尚以一介禅僧，真正结识并受知于雍亲王胤禛，有史可查的是在康熙五十一年（1712）春。此时的迦陵，已在大千佛寺演法近四年，并已名冠禅林。他们正式相识的地点是在雍亲王府，即现在的雍和宫。

雍和宫是北京市内最大的藏传佛教寺院，1983年被国务院确定为汉族地区佛教全国重点寺院。该寺院主要由三座精致的牌坊和五进宏伟的大殿组成。从飞檐斗拱的东西牌坊到古色古香的东、西顺山楼，共占地面积六万六千四百平方米，有殿宇千余间。雍和宫旧址原为明代内官监官房。清康熙三十三年（1694），成为皇四子胤禛的府邸。雍正驾崩后，乾隆将雍和宫改建为藏传佛教寺院。

康熙五十一（1712）年春正月，雍王府举办法会，胤禛欲召高僧论道，有人举荐了迦陵。几番谈辩之后，互觉机缘相契，于是，在雍亲王未登大位之前，迦

[1] 参见[清]释实月撰《理安寺志》卷五《禅宗》，江苏广陵古籍刻印社1996年版，第251页。

陵便成为了雍王府的一位常客。雍正在其后来编写的《御选语录》中，有对迦陵的一段追忆："……壬辰春正月。延僧坐七，二十、二十一随喜同坐两日，共五支香即洞达本来，方知惟此一事实之理。然自知未造究竟，而迦陵音乃踊跃赞叹，遂谓已彻玄微……"[1]即可窥见他与这位亲王关系之一斑。

在之后的岁月里，在雍亲王的力荐与助缘下，迦陵禅师开堂演法，编撰禅林著作，为多处寺庙谋得修缮、置田之功德。没有胤禛，或许迦陵和尚诸多事情都很难如愿。也正是在迦陵的引导下，本来倾心于藏传佛教和净土宗的雍亲王也开始喜欢上了禅宗之法。

[1] 参见[清]雍正编著，史原明主编《雍正御制佛教大典　御选语录》下，《御制后序》，中国社会科学出版社2004年版，第1217页。

第六章 迦陵禅师与雍正皇帝的相识相知

一、入主柏林寺方丈

也许正是因为康熙五十一年（1712）雍亲王府的那次法会，迦陵与胤禛因缘契合，相识相知。也正因如此，雍亲王胤禛将迦陵和尚安置于与自己府邸一墙之隔的柏林寺内。在雍亲王看来，迦陵禅师于自己而言是“有所启发”的，他们之间需要拉近的不只是心的距离，也包括时空的距离。

康熙五十二年（1713）至康熙五十四年（1715），迦陵禅师入主柏林寺方丈，开始了他佛门生涯的辉煌时刻，其时年四十三岁。

关于迦陵和尚入主京师柏林寺方丈的起始时间，未见明确记载，《新续高僧传》《理安寺志》《庐山归宗寺志》几乎都这样记叙此事：迦陵禅师于大千佛寺开堂演法，“禅风为之大振。一言半句，流布诸方，咸叹希有。前后六载，得意如林焉。乃镌锡补处柏林寺之席三年。而杭之理安虚席以待，复应三年……”[1]

迦陵禅师法弟佛鉴在迦陵所撰《宗鉴指要》一书序言中记载：

乙未（康熙五十四年）冬，众请普说，竟若决江河而莫之御，无一处不发人之未发，无一句不闻人之未闻，会下五六千指，皆恍然自失，无不欢喜踊跃。[2]

《理安寺志》载：

壬辰[3]岁大侵，越鉴彻禅师入城乞食，馁死于万安桥下。讣至京师，时迦陵音禅师住持柏林寺，为位而哭，甚哀。世宗宪皇帝龙潜雍邸，适幸柏林，询知其故，

[1] 参见[清]释实月撰《理安寺志》卷五《禅宗》，江苏广陵古籍刻印社1996年版，第251—252页。

[2] 参见[清]释佛鉴撰《宗鉴指要》序，木刻书板藏北京大觉寺。

[3] 壬辰即康熙五十一年。

念理安为选佛胜场，兴愿重修，以祝延万寿……鸠工于癸巳[1]，落成于乙未[2]。奏闻圣祖仁皇帝，御赐匾额对联，命僧性音来主方丈。[3]

综合推断，可知康熙五十四年（1715）冬，迦陵尚在柏林寺住持，而后主理安寺方丈，依“携锡补处柏林寺三年”而断，康熙五十二年（1713）应为迦陵正式入主柏林寺之始。而康熙五十一年（1712）发生的理安寺越鉴禅师馁死之事，极有可能是千里之遥，消息延误，收到讣告已于康熙五十二年，时迦陵音禅师已住持柏林寺方丈。

迦陵入主柏林寺方丈，首先遇到的一大殊遇，便是康熙五十二年（1713）重新修缮柏林寺，这是柏林寺历史上最大的一次修缮，而此时的修缮也可以说是柏林寺有史以来最辉煌的时刻。恰恰是这样的时刻，迦陵任柏林寺方丈。

二、于法林寺、柏林寺编纂《宗鉴法林》

《宗鉴法林》是迦陵和尚出任柏林寺方丈时，参与编纂的较为重要的一部禅宗著作。选由他来担当这样一个主编的角色，可以想见负责督办此事的雍亲王对他的认可与信任。同时，雍亲王还为迦陵和尚选派了一位得力的助手，这便是迦陵禅师的师弟——调梅和尚。

调梅禅师，讳明鼎，字调梅，别号粟庵，晚年自号恬退翁，楚之黄梅人，拜于梦庵老人门下。梦庵有两名临济嗣法传人，即迦陵和调梅二人。据《理安寺志》“传临济正宗第三十四代第二十次住持调梅鼎禅师传”记载：“……明年[4]春，入京师集云堂校刻《宗鉴法林》……”[5]为何会选派调梅和尚前来参与刻经之事？是调梅和尚自身的名望修为还是迦陵禅师的极力推荐，或是雍亲王对梦庵禅师的眷顾，以至恩宠其两位得意弟子？也许三者皆有。

《宗鉴法林》凡七十二卷，每卷卷首题下署款“集云堂编”，可知系编讫于当时京师雍亲王藩邸的集云堂。此书广泛搜录历代诸师之古则、公案、拈颂，计

[1] 癸巳即康熙五十二年。

[2] 乙未即康熙五十四年。

[3] 参见[清]释实月撰《理安寺志》卷二《梵宇》，江苏广陵古籍刻印社1996年版，第108—109页。

[4] 即康熙五十二年。

[5] 参见[清]释实月撰《理安寺志》卷五《禅宗》，江苏广陵古籍刻印社1996年版，第254—255页。

二千七百二十条。因康熙五十一年（1712）春，于塞北之法林寺（法林寺位于今承德避暑山庄内）会集编书，至五十三年（1714）夏，镌板完工于京师柏林寺之宗鉴堂，故题名曰《宗鉴法林》。

据国家图书馆藏康熙五十七年（1718）刻经山藏本《宗鉴法林》记载："《宗鉴法林》贰版，一存京都敕建柏林禅寺，一存浙江杭州敕建理安禅寺。"以方位推断，柏林寺版盖为"北本"，理安寺版盖为"南本"。

民国十八年（1929），胡改庵居士曾出资对已佚和残裂书板进行添补和修刻，并印制了一百部流布世间。在补刻本中，胡氏作《补刻宗鉴法林序》，专议迦陵高行与该书价值，当时的北平西山大觉寺住持福振，在前言中详述了这次补刻的缘起：

中华民国十八年春，黄陂胡改庵居士为其亡夫人盱眙吴慧娴女居士补刻《宗鉴法林》，计添新板四十二块，修补板七十八块，共字二万五千四百五十八个，先后用银二百元，请由退院方宗和尚董其事。当斯宗风不振之秋，得此慷慨布施之举，甚盛事也。板藏本刹，愿十方缁素广为印刷，以资宏扬，庶吾宗有中兴之望焉。补刻既成，欢喜赞叹，用识数言以垂纪念云尔。[1]

另外，国家图书馆还保留着民国三十年（1941）十一月王访渔《宗鉴法林校勘表》一份，他在前面的识语中说："宗鉴法林有南北二本，资福、柏林二寺所藏者皆为北本，而拈花寺（即大千佛寺）则为南本。河北董伯因先生依据南本乃发现下列各种之错误，作成勘误表数页，承嘱在馆藏本上亦加改正，余爰特照录一道附诸书端，以备后阅者之助。"[2] 目前已知《宗鉴法林》有以下四种藏本：一是康熙五十七年（1718）善本，二是康熙五十七年（1718）微缩制品；三是民国十四年（1925）《大日本续藏经》收录本，四是民国十八年（1929）补刻刊印本，以上四种藏本现均藏于国家图书馆，除第三种版本外，其余三种均与北京西山大觉寺现藏的经板相同。

大觉寺所藏《宗鉴法林》书板计二百二十六块（间有残佚），半叶十行，行二十字，四周双边，白口。中缝上部镌有"支那撰述"字样，木刻板上下双面刻字。

[1] 参见释福振撰《补刻宗鉴法林》前言，与《宗鉴法林》一书共同辑入《大日本续藏经》第一辑第二编，第二十一套，第一册目次，支那撰述，禅宗语录通集部。

[2] 参见王访渔手书《宗鉴法林校勘表》，收录于国家图书馆《大日本续藏经》之《宗鉴法林》之内。

大觉寺之书板，盖为迦陵禅师随行所带，至于是柏林寺版，抑或理安寺版，尚有待进一步考证。

三、刊刻《集云百问》以祝康熙帝万寿

康熙五十二年（1713）是历史上重要的一年，尤其是对雍亲王胤禛而言。先来看看这一年胤禛都做了哪些事情。大规模修缮京师柏林寺、杭州理安寺等禅宗古寺，编刻《宗鉴法林》《集云百问》等禅门经卷，总之，他所做的事情都与参佛修道有关。而他所做的这些事情都有一个重要的目的，那就是为他的父皇康熙皇帝庆贺六十岁大寿。欲以此佛门功德，护佑父皇万寿无疆。那么，胤禛做这些事情是否还有更深的目的呢？是否真的像很多人猜测的那样：交结僧道，掩人耳目，韬晦其外，密议其内，获得父皇康熙帝垂青的同时，紧锣密鼓开展夺嫡大计呢？这些自有史家公断。

对于迦陵和尚而言，康熙五十二年也是重要的一年，因为，不论是雍亲王重修柏林、理安两寺，抑或是编刻《宗鉴法林》《集云百问》，都与迦陵和尚有关。

《集云百问》书板现藏于大觉寺内，板十三块，版心高二十厘米，宽三十厘米，半叶九行，满行十八字，单鱼尾。凡一卷，计二十五个半叶，署款“集云堂编”。书板保存完整，无缺佚，但字形竖长略小，雕制粗率，部分字句受损模糊。此书用问答体阐发禅宗义理，多机锋之句。正文前有《集云堂百问序》，述编纂缘起：

余于问寝视膳之余，尝栖心内典，崚嶒巨岳虽不克尽其峰峦，汪洋渤海，亦稍得窥其涯际，予生太平无象之秋，恰遇佛日增辉之候，因将宗门语句叠成百问，集作一编，每怀道旷无涯，非敢一言金石之意，实为逢人不尽，庶几百城烟水之思。惟冀大方宗匠耆德宿学，少随时宜，不吝珠玉，拈颂机言，惠而教我，非惟光生梨枣，亦开将来人天正眼，慧炬千古矣！癸巳万寿日。[1]

癸巳即为康熙五十二年（1713）。据文中叙述语气，作者似为尚在藩邸的皇四子雍亲王胤禛。与此前中国历代的封建帝王相比，雍正帝崇信佛教的程度，似乎更为彻底、更为深入。雍正帝一生参究佛理，佛学方面的著述可谓宏富，如《当今法会》《经海一滴》《宗镜大纲》《大觉禅师录》《圆明语录》《拣魔辨异录》《悦心集》《破尘居士语录》《御选语录》等。大觉寺藏的《集云百问》，是雍正帝早

[1] 参见[清]雍亲王胤禛撰《集云百问》之《集云堂百问序》，木刻书板藏于北京大觉寺。

期的一部参禅之作。该书后来未编入1738年刊行的《乾隆版大藏经》内，所以，现在大觉寺的书板，盖为存世孤品，极应珍视。虽未见到关于迦陵协助雍亲王雕版之记载，但以时间和后来迦陵禅师将该书板随身带至大觉寺收存而判断，此著作的刊行工作，可能有迦陵参与。

四、杭州理安寺的修缮机缘

迦陵对自己曾经接受临济衣钵的杭州理安寺有着特殊的感情，可以说理安寺的再度兴盛有着他不可磨灭的功德。

理安寺位于浙江杭州理安山麓，始创于五代吴越时期，初名涌泉禅院，又名法雨寺。伏虎志逢禅师为开山第一代祖师。南宋理宗曾幸寺中，敕改名“理安寺”，寓“国泰民安”之意。杭世骏在《武林理安寺志序》中有关于理安寺兴衰的记载：“理安寺缘始有唐绝续之关，绵延迄今约有三变：伏虎开山，一也；法雨鼎建，二也；迦陵荷两朝不世之遇，法域宏开，恩膏叠沛，三也。”[1] 由此可知，理安寺的第三次兴盛，缘于迦陵禅师。为什么这样说呢？迦陵禅师到底为理安寺的中兴起到了哪些作用？让我们带着这样的疑问，在文献里细细翻寻。

康熙五十一年（1712），杭州城闹饥荒，理安寺住持越鉴禅师入城化缘，示寂于万安桥侧，时年五十岁。闻此消息之人无不感叹生死之无常，理安寺之名也因此而为更多人所知。讣告传到京师，时主柏林寺方丈的迦陵和尚闻讯，哭奠极为哀伤。恰于此时，雍亲王胤禛幸临柏林寺，便询问缘故。闻知此事后，感念理安寺为选佛胜场，胤禛便以为父皇康熙帝六十大寿祝寿之由兴愿重修理安寺。巧合的是，负责修建寺宇的僧人名越宗，负责置办斋田的僧人名成鉴，二人之名前后二字恰与越鉴禅师相同，似有冥冥中早有注定之意。

关于这段历史，《理安寺志》这样记载：

壬辰岁大侵，越鉴彻禅师入城乞食，馁死于万安桥下。讣至京师，时迦陵音禅师住持柏林寺，为位而哭，甚哀。世宗宪皇帝龙潜雍邸，适幸柏林，询知其故，念理安为选佛胜场，兴愿重修，以祝延万寿。命僧越宗赍帑金至寺中，撤其殿材而新之。又命僧成鉴为置山六百余亩，斋田二百亩。鸠工于癸巳，落成于乙未。奏闻圣祖仁皇帝，御赐匾额对联，命僧性音来主方丈。由是琳宫贝宇、藻耀山阿，

[1] 参见[清]释实月撰《理安寺志》之杭世骏撰《武林理安寺志序》，江苏广陵古籍刻印社1996年版，第9页。

永为皇家祝厘之地，扶万祀而不倾矣！[1]

正是因为这样的机缘，雍亲王胤禛不但为迦陵禅师所牵挂的理安寺谋得修缮、置田重兴之恩典，还力荐他亲自前往住持方丈，雍亲王对迦陵禅师的恩宠，可谓厚遇有加。

康熙五十五年（1716）至康熙五十七年（1718），迦陵禅师主理安寺方丈三年，入主方丈时，迦陵年四十六岁。

由迦陵禅师传记不难看到，迦陵的一生与理安寺有着不解之缘：他曾在理安寺承袭梦庵禅师临济衣钵，他曾追随梦庵禅师，受诏至京师柏林，他曾重修理安寺，他曾住持理安寺。

理安寺修缮一新后，雍亲王胤禛便推荐迦陵禅师前往住持。为表示恩宠，除发帑金置柴山六百亩、斋田二百亩之外，康熙皇帝和雍亲王胤禛对这座寺庙也都给予了各自的赏赐。

康熙帝亲笔御书“理安寺”“石磬正音”二额，对联两副，分别为，“法雨晴飞绕殿香风至，天花昼下交空瑞日悬”，“势到岳边千峰环秀色，声归海上万水涌洪涛”。赐《金刚经》一册，赐佛像、巨钟以庄严寺庙，所有贡器皆由内务府制造。

雍亲王胤禛也赐有匾额四幅，分别为“来机亦赴”“螺髻耸翠”“慈悲自在”“曹溪人瑞”。赐对联两副“杖履得回游子脚，葛藤灰尽老婆心”，“作佛念经纵然自在还为妄，度生心切须信慈悲也是贪”。赐万寿袍一领，锦衣一领，香板一块。

关于这段历史，《理安寺志》这样记载：

世宗宪皇帝幸京师柏林寺，时臣僧性音以理安法嗣住持柏林，深念旧山颓废，奏达圣听。世宗宪皇帝上闻圣祖仁皇帝，发帑，命臣僧越宗至寺重修，命臣僧成鉴为置柴山六百亩，斋田二百亩。刑部尚书臣胡会恩奉敕撰重修理安寺膳僧山田记（记载梵宇），命臣僧性音住持。御书“理安寺”“石磬正音”二额墨宝二幅，恭藏寺中。对联二副：“法雨晴飞绕殿香风至，天花昼下交空瑞日悬”“势到岳边千峰环秀色，声归海上万水涌洪涛”。赐《金刚经》一册，并佛像、巨钟、庄严供器皆内府制造。世宗宪皇帝于藩邸赐“来机亦赴”“螺髻耸翠”“慈悲自在”“曹溪人瑞”四额。赐对联二副：“杖履得回游子脚，葛藤灰尽老婆心”，“作佛念经纵然自在还为妄，度生心切须信慈悲也是贪”。赐万寿袍一领，锦衣一领，香板

[1] 参见[清]释实月撰《理安寺志》卷二《梵宇》，江苏广陵古籍刻印社1996年版，108—109页。

一块。[1]

此番恩宠，被深深地记在了理安寺中兴的历史上。翻及《理安寺志》不难发现，志书中曾多处提及此事，迦陵禅师和雍正皇帝对此功不可没。

五、住持杭州理安寺方丈

康熙五十五年（1716）至康熙五十七年（1718），在雍亲王的力荐之下，迦陵禅师接受皇命，入主理安寺方丈。在旁人看来，这一定是无上的荣光了。当年作为嗣法门徒走出理安寺，多方云游；如今带着万千恩宠回到这里，光耀祖庭，也可谓是衣锦还乡了。

在理安寺的三年时间里，迦陵禅师主要的工作依然是修订禅宗典籍、著录禅门语录。据记载："《宗鉴法林》贰版，一存京都敕建柏林禅寺，一存浙江杭州敕建理安禅寺。"这套理安寺《宗鉴法林》经板，就是在迦陵主理安寺方丈时刊刻的，后来被辑入日本《续藏经》内。

迦陵非常重视禅宗典籍的流通问题，他在理安寺时所立"迦陵禅师经房规约"即可见一斑，其内容也真切地展现了迦陵禅师为人行事极为严谨的佛门风范。

迦陵禅师经房规约

经书法宝，元贵流通，往往以无资刷印为憾。音退院之日，两序公议开经房以便流通。一则便于方来请阅，二则不致乱印坏板。特命秀峰、环广二藏主董其事。此项银钱不许入常住，有余则以修板，刚够则再买纸墨。只许买，不许自刷印模打，违者出院。凡有交代，须择二人久住老诚职事主之，两序交明方丈，送客一如买例。特将名目价资，谨录于左：

《金刚经帖》一钱三分

《丈室铭》五分

《宗鉴堂帖》一钱五分

《续灯存稿》二钱

《法雨山居诗》一分

《箬祖录》六分

《晓祖录》三分

[1] 参见[清]释实月撰《理安寺志》卷一《恩宠》，江苏广陵古籍刻印社1996年版，第20—23页。

《天祖录》一钱二分
《宗鉴法林》六钱
《杂毒海》八分
《诗韵》一分
《梦老和尚录》三分
《迦陵禅师录》一钱二分
《语要》一分二厘
《指要》一分。[1]

六、编纂《宗鉴语要》与《宗鉴指要》

《宗鉴语要》与《宗鉴指要》为迦陵禅师在理安寺住持方丈之时编纂，其木刻书板现藏于北京西山大觉寺。

大觉寺藏《宗鉴语要》书板三十八块，版式、规格一如《杂毒海》。凡二卷，上卷完整，下卷缺四叶。卷首题下署“侍者如綍编”。内容为迦陵禅师语录，其中记禅师来京缘起、大觉寺开堂演法及同雍亲王辩谈的部分，价值尤高。书尾附雍亲王法语一则。本书刊于康熙末年，是研究迦陵佛学思想及同雍正皇帝关系的重要文字。

《宗鉴指要》现有书板十八块，缺佚三块。凡一卷，版式、规格与《语要》同，亦应是康熙末年刊于京西大觉寺。此书为语录体，记述迦陵之言行。书正文前有序，署“东瓯仙严法弟佛鉴拜撰”。佛鉴在序言中叙述了该书撰写刊印缘起，盛赞迦陵眼明识卓：

鉴癸巳岁卸仙严院，欲蹈无著之故辙。因过柏林，每于捶拂之下，不独耸耳，且乃惊心，遂依五载，领首众事。乙未冬，众请普说，竟若决江河而莫之御，无一处不发人之未发，无一句不闻人之未闻，会下五六千指，皆恍然自失，无不欢喜踊跃。然泽宜于普，法宜于遍，鉴恐穷隅僻壤耳目所不及者，错过甚多。是请而梓之，必有会心于千里外亦如鉴之惊心耸耳者矣。[2]

[1] 参见[清]释实月撰《理安寺志》卷六《规约》，江苏广陵古籍刻印社1996年版，第369—371页。
[2] 参见[清]释佛鉴撰《宗鉴指要》序，木刻书板藏北京大觉寺。

据《理安寺志》记载，迦陵禅师语录体著作，除《宗鉴语要》《宗鉴指要》外，还有《十会语录》二十卷。《十会语录》又题作《迦陵禅师语录》，其成书应早于《语要》《指要》，可惜此书至今已不传，幸有《理安寺志》保存有丁懋学、释超蕉、释仁岠三篇序言，今转录如下。

《鸠江丁懋学序言》

世惟良医，其用药能变通方术，不胶于古，不泥于今，虽若造意，而起疾如神。然拘守陈法者，未免骇其好奇，岂知药以治病，病治则已，正可也，奇亦可也。宗师家垂手接人，能如良医之变通，或立一机，或示一境，或语言提唱，欲使魔者慑，异者正，病者起，死者活，不难也。譬诸声传空谷，靡有不应；箭落神雕，从无虚发。故马师门下，同时出八十余人，后之圆悟，亦使十八人一夜彻去，至今艳称之。然迩来唱导之师，拈椎竖拂无虚日，求如马师圆悟，当日之盛事竟未闻焉。且魔益炽而疾益锢，何古今之大不相及也。人皆罪参徒之淡薄，吾谓今人根器，岂尽劣于古，古人根器，岂尽胜于今？恐亦师家说法不能变通，遂致学者坐病不起，而区区欲参徒，独受其过，是何异医者不善用药，而谓举世皆受不治之症，真堪令人绝倒矣。迦陵和尚传磬，室五世法印，出世京师千佛、柏林，绕座半千余指，门庭甚严，钳锥甚毒，彼依止之徒，岂少苦参力学眼明识卓者。苟其师非真有为人，手脚接人，机用乌能忍苦相从。依者弗欲去，来者弗能拒也。今观其左右辈，所集升堂示众等语，出正入奇，尽变极化，无非对症发药，又皆临时应变，能起今时学者之膏肓，悉翻诸方说法之窠臼，宜乎方来者之水赴而风驰欤！昔临济之言曰：大凡演唱宗乘，一语须具三元门，一元门须具三要。今观是录，非深入元要之奥，不能神其变通。若是也，滹沱老子，去今七百余年，元要之在人，仅不绝如线，乃得大师一肩，力荷而恢张之，诚法门之幸。识者谅不以予言为谀，请即书之简端。[1]

《释超蕉序言》

当今宗社滥觞，门户戈矛，洁清峻上，莫盛石磬而下。珍叔笠老人十据名刹，四主涧南，如山如岳，巍然不动。时有生死南涧，世法龌龊之谣，天理人心诚不可没。再传而得迦陵音公者，悟门修持，具见拈香一段，亲切渊深，上堂小参，一一皆

[1] 参见[清]释实月撰《理安寺志》卷七《著述》，江苏广陵古籍刻印社1996年版，第406—408页。

从自己胸襟中流出，断非印板上打来，模子里脱出，一洗僄窃模拟，拾唾寻膻之弊。如僧问：如何是道？云：山僧怕闻既是大善知识。因甚怕闻？云：夕死可矣。以此非但为天下知解，宗徒寻章逐句辈，解黏去缚，直令道学头巾脱骨换胎矣。呜呼，世衰法微，淳风尽丧，往往匙挑不上者，亦爱乘奉赞扬，稍有拂意，掉头不顾，顾予不肖陈朽何似。而公业已德重京都，名钦四海，可以无求于今日。乃以《语录》，不远三千里外，乞言于余，且有痛下钳锥之语，只此一节，邈然追古人千载之上，真有大觉琏祖之风。予以祖宗故土，受托之深，不得不任再住之责。迄今近三十年，日与大梅龙山为伍，夜邻肉身老祖同梦，耳不闻诸方之行，目不视诸方之刻。今读千佛之书，真如闻迦陵频伽之声。哀愍一切众生，续五宗旦夕之慧命，此吾珍叔、梦兄苦心法门之报也。是为序。康熙五十二年岁次癸巳。自恣日再住东山，愚伯超蕉拜题于肉身殿侧。[1]

《住吴兴弁山释仁岠序言》

宗门有三印：印空、印水、印泥是也。此中分三句，一句天无四壁，一句半合半开，一句合泥和水。若以三句作一句会，则突出难辨，只眨得眼闪电提，持衲僧无凑泊处。若一句作三句会，便觉有君有臣，有元有要，葛藤蔓延，刺刺不休，兹所谓印泥者也。然而法无定相，道在人弘，大量者用之则同，小器者局之，则又不得不异耳。迦陵和尚与余同事先老人于云门，相得最善。其后天各一方，萍踪万里，企慕之私，仅付一暮云春树而已。今秋赴和硕雍亲王之召，馆于柏林，因得与师挑灯话旧，促膝谈心。得来涧中一滴，浪拍滹沱；放出黄河九曲，声光动地。再观千佛法林诸录，如登匡庐而望彭蠡，长天一色，空水无垠，而随机应变，卓有气蒸云梦、波撼岳阳之象。他年起我临济，宗磬山老祖于一百年前，早已为师道破了也，奚待余言。[2]

七、入主京西大觉寺方丈

迦陵禅师的僧侣生涯曾经有过三次辉煌的时期，第一次是受知于雍亲王胤禛，入主柏林寺方丈，修缮寺庙、刊刻经典；第二次是受恩于雍亲王胤禛，修缮寺庙、

[1] 参见[清]释实月撰《理安寺志》卷七《著述》，江苏广陵古籍刻印社1996年版，第408—409页。

[1] 参见[清]释实月撰《理安寺志》卷七《著述》，江苏广陵古籍刻印社1996年版，第409页。

受赐斋田，入主理安寺方丈；第三次则是受雍亲王胤禛诏，返还京师，安禅于大觉，入主西山大觉寺方丈。每一次殊遇，都难以忽略胤禛的助缘之举。

在雍亲王未登大位前，迦陵便成了雍王府的一位常客。在这段时间里，迦陵与雍正除了参究辩难禅理外，是否参与了夺嫡继位的策划和密议，已不得而知，但迦陵在此期间，编撰过《宗鉴语要》（上下两卷，镌板于柏林寺宗鉴堂）一书，书中以语录体多处记载了雍亲王充溢机锋和隐喻的禅语，对于了解康熙末年胤禛的内心思想，有启示和参考价值。如：

雍亲王千秋，竖如意云：威音那畔不假，炉鞴钳锤不假，雕凿栽在培，直教遍尘遍刹，无不赖其辉。著有一法过于此，光明过于此，寿量过于此，我此如意端直作如意用。击一下云：今日化为轮王髻中宝珠，照耀四天下去也，为人一一点出。是眼司见，是耳司闻，是鼻辨香，是舌谈论大地人争。敢道他不知，只是不敢承当，未免辜负尊贵。一路只得借此为标准，普令遍法界，一草一木，尽截以为筹，贮于石宝中，以满其寿之量。且道，法界还赴也未？欲知赖及万方，只因化被草木。遂放如意云：不见道，尧舜之君，犹有化在。[1]

从现在已知的材料看，雍正和迦陵的亲密关系大约持续了十年左右，其热度最高的时期在康熙五十九年（1720）。当时尚在潜邸的胤禛对京西名刹大觉寺“特加修葺”后，力荐迦陵性音任该寺住持。当年秋九月，胤禛亲自撰文并书丹《送迦陵禅师安大觉方丈碑记》，在记文中盛赞迦陵“净持梵行，志续慧灯，闲时偶接机锋，不昧本来面目，是可主持法席而俾以宏阐宗风者也……”一时间所得恩宠，可谓无以复加了。

康熙五十八年（1719），江西方伯兆麟许公以庐山归宗寺请为栖息之地，迦陵禅师欣然应之，时年四十九岁。

康熙五十九年（1720），受雍亲王力荐，迦陵禅师被派往京西大觉寺主方丈，这一事件记载于寺内碑亭康熙五十九年《送迦陵禅师安大觉方丈碑记》石碑之上，碑文记载：

……僧性音净持梵行，志续慧灯，闲时偶接机锋，不昧本来面目，是可主持法席而俾以宏阐宗风者也。西山大觉寺者，金源别院，表刹前明，山深境幽，泉

[1] 参见[清]释如綍编《宗鉴语要（上）》第五页，木刻书板藏北京大觉寺。

石殊胜，岩中宴坐，当不减鹫岭雪峰，聿诹良月。吉辰，倡率道俗，送方丈安禅，开堂演法。从此信响彻于诸方，善果结于四众，莫不勤行修习，广种福田。则住山领徒之侣，既可以报佛恩者报国恩，而祝厘资福之忱，亦藉以少展。至于园居相望，往复过从，入不二门，证无上道，此又余与性音所共勉勿谖者矣。

康熙五十九年岁次庚子秋九月和硕雍亲王撰并书。[1]

入主大觉寺方丈时，迦陵年五十岁。

大觉寺坐落在北京西郊阳台山东麓，是中国北方一座著名的禅宗寺院。该寺创建至今，已逾千载，历辽、金、元、明、清五代的世事沧桑与荣枯兴衰，虽然琳宫梵宇时增时损，山门浮屠时圮时复，但钟磬声声不绝，香火袅袅如缕，法脉相连，千年未断，可谓一直独颖丛林、享誉京师。

大觉寺始建于辽代，时称清水院。因为文献无征，其具体的创立时间，目前尚难确定，但据寺内辽《阳台山清水院藏经记》石碑可知，辽道宗咸雍四年（1068），该寺院已有“幽都胜概”之誉，并能募得信士捐资八十万（缗）修葺僧舍和刊印《大藏经》龛藏寺内，可知当时清水院的规模之大、香火之旺，在辽南京（今北京）地区的众多佛寺中，居于前列。

大觉寺在金代的情况，据明末刘侗、于奕正所撰《帝京景物略》一书，记述该寺即“金章宗西山八院，寺，其清水院也”。可知有金一代，不仅仍沿袭了清水院之名，法脉相续，而且被金朝的第六代皇帝完颜璟辟为离宫别苑，列为西山名胜“八大水院”之一。

金、元易代之际，战乱频仍。当此时，西山八大水院多成劫灰瓦砾，清水院恐亦不能幸免。关于元代大觉寺的情况，至今未见同时代文献记载，仅从明宣德三年（1428）《御制大觉寺碑记》中“北京阳台山故有灵泉佛寺”的记述推知，元代和明初的百余年间，该寺曾名灵泉佛寺。

明代宣德三年，宣宗朱瞻基奉其母孝昭太后之命，出内帑翻修了凋敝已久的灵泉佛寺，并更其名为大觉寺，派高僧智光前往住持。除这次大规模的翻修外，明英宗正统十一年（1446）、明宪宗成化十四年（1478），明朝皇室对于大觉寺又先后进行了两次较大规模的修葺，而后一次修建，系由宪宗生母周太后出资，竣工后，则派周太后从弟周吉祥主持寺务。明代的中早期由皇家内廷出钱并董工

[1] 参见[清]雍亲王胤禛撰《送迦陵禅师安大觉方丈碑记》，该碑存于北京大觉寺内。

的寺院建筑，基本保留至今，也奠定了今天大觉寺殿堂门庑的格局和规模。

明代末年，世乱年荒，佛事不兴，大觉寺年久失修，廊宇多圮。直至康熙五十九年（1720），时在藩邸的皇四子胤禛，不仅出资修缮大觉寺，还力荐临济正宗三十四世嗣法传人迦陵性音禅师主大觉寺方丈。自此至清末近二百年中，大觉寺作为京郊的一座敕修禅寺和雍、乾两代皇帝的行宫，不仅得到了皇家的格外重视和多次修缮，建筑面积与日俱增，而且成为远近缁素求法拜佛、修心明性的一处伽蓝圣地。

八、编纂《是名正句》《杂毒海》

在大觉寺主方丈期间，迦陵依然是以编经演法为主，现大觉寺所存《是名正句》《杂毒海》《宗鉴语要》《宗鉴指要》等书板大都是于这段时间编纂而成。

《是名正句》板存大觉寺，四十五块，序言部分散佚。半叶十行，行二十字，四周双边，白口。凡八卷，每卷题下署“宗鉴堂编”。今国家图书馆藏有据此书板刷印的线装本一部，正文前保存了编撰者迦陵的序言，其中述该书收录内容与编纂缘起：

> 因驱古人而就今人，集《宗鉴法林》七十二卷，得公案二千七百二十三则，各有拈颂，列次其下，亦欲使学者知所趋向，去其习染，行之海内，然虑挟袱担囊之徒，或苦其繁重，复就旧本拈颂中集，其不落情见者亦非情见可凑泊者，汇为一帙，共得八卷，题曰“是名正句”，盖窃取诸岩头云。斯役也，岂余之得已而不欲已哉！知我罪我，是在后之览是集者。[1]

国家图书馆藏《是名正句》一书，除钤有“北京图书馆藏”印章外，在《序》的落款“京西大觉山佛泉寺性音撰”之后，还钤有“性音之印”“迦陵”二枚印章，这是目前已知古籍善本中留下的关于迦陵性音的难得印记，说明此部著作在雕版之后即已印刷，流传于世。

《杂毒海》板存大觉寺内，六十块，凡八卷，略有残佚，版式、规格与《是名正句》同。卷首题下署“京都佛泉嗣祖沙门性音重编”，可知系性音入主大觉寺方丈后，在柏林寺本基础上重新编就的“北本”。

[1] 参见[清]迦陵性音撰《是名正句》序，古籍《是名正句》藏于国家图书馆，其木刻书板藏于北京大觉寺，序之书板已无存。

《杂毒海》又名《禅宗杂毒海》《大慧禅师禅宗杂毒海》《大慧普觉禅师语录》，宋代法宏、道谦等编录，绍兴元年刊行。书名中之“杂毒海”三字，系自大慧所述“参禅不得，多是杂毒入心”之句而来。明代洪武初年、清代顺治十一年（1654），两度重编。康熙五十三年（1714）六月，迦陵性音将十卷本重编为八卷本，内容依次为佛赞（收诸尊宿之佛祖赞、自赞等）、杂赞（收礼祖像、礼祖塔、示徒、赠别等）、投机（收诸尊宿之投机偈、留赠之偈颂等）、钞化（收依托事物提撕宗乘的偈赞）、杂偈、道号、山居等，并附有普明之牧牛十颂、梁山之牧牛十颂。

《大日本续藏经》收录的《杂毒海》有题记曰：“康熙甲午夏六月古柏林寺沙门性音叙”“京都柏林嗣祖沙门性音重编”，而《四库未收书辑刊》中收录的《杂毒海》及大觉寺寺藏经板内则记为：“康熙辛丑夏五月大觉山佛泉寺沙门性音叙”“京都佛泉嗣祖沙门性音重编”。康熙甲午当为康熙五十三年（1714），而康熙辛丑则为康熙六十年（1721）。今综合零星记载推测，康熙甲午年间，性音主京都柏林寺方丈，而康熙辛丑年则主京都佛泉寺方丈，大觉山佛泉寺即今之大觉寺，由此可知《杂毒海》经由迦陵禅师编刻藏有两版，一版为康熙五十三年（1714）迦陵主柏林寺方丈时所刻，另一版则为康熙六十年（1721）迦陵主大觉寺方丈时所刻。据大觉寺内雍亲王亲撰《送迦陵禅师安大觉方丈碑记》，可知康熙五十九年（1720）迦陵性音在和硕雍亲王力荐下入主大觉寺方丈，康熙六十年版《杂毒海》为性音被派往大觉寺主方丈后重新雕版而成，2000年辑录的《四库未收书辑刊》则依据大觉寺经板印刷版收录。《四库未收书辑刊》依据《四库未收书分类目录》收集整理而成，《四库未收书分类目录》主要收录清乾隆时四库馆臣未见和清乾隆以后至清末问世的书籍，几乎网罗了当时存世的《四库全书》以外的优秀典籍。20世纪20年代末，三十余位国学大师开拟了一串有二万余条目录的书目，名曰《四库未收书分类目录》，试图补《四库全书》之未备，并将“四库学”发扬光大，《杂毒海》即被收录于内，这进一步肯定了该书佛教经典的地位。经比对分析，《四库未收书辑刊》内所收《杂毒海》确与大觉寺寺藏经板为同一版本。略感遗憾的是，《四库未收书辑刊》内收录的《杂毒海》独第六卷第四页缺失一页，而又值得庆幸的是，缺失之页在大觉寺寺藏经板中完好保存，倘日后《四库未收书辑刊》再版，则可据之补齐。

成书于乾隆二十四年（1759）《理安寺志》卷七“迦陵禅师辑杂毒海八卷”条，在《迦陵禅师增集明初龙山仲猷师所录偈颂》题后，载有恕中愠禅师、梅谷分别写于明初、清初时的序言和迦陵为新编此书所写的自序。现将三序转录如下，以供研究者参考。

《恕中愠禅师序言》

昔妙喜老祖居洋屿庵，凡有所唱说，僧侍宏首座者皆录之，而名之曰“杂毒海”，盖取老祖所谓参禅不得多是杂毒入心之语也。是故后之学者，凡遇宿师硕德偈颂佛事等语，手录成帙，亦以杂毒海目之，其来久矣。龙山仲猷禅师一日阅其所录，厌其讹舛，遂删其繁冗，摭其精要，分类成卷，始板行之。其心盖欲不负作者之心，永为后学之懿范也。或谓：师之用心固善，其如戾妙喜之训何然？文字语言，以不著为尚。譬如鸩毒，人饮之则死，曹瞒饮之则无害，在学者取舍何如耳。然则，是编之行，其于法门不为无补，故为之说。时洪武十七年。[1]

《梅谷禅师序言》

恕中和尚曰：吾宗所谓偈颂者，借事显理，晓人心地，使事理混融，纯一无杂，如醍醐之味，薝卜之香，使人鼻舌略经触受，莫不通乎心，畅乎体，洒然清爽者也。又曰：宋季咸淳间，诸尊宿凡寓兴赠别，及呻咏字号之类，皆有偈颂，以四句为准，其作至精。假使灭去名目，而其义自昭显，自非契证深密，傍通坟典，取之左右逢原，用之头头合辙，而托此以吟畅，元旨者不能也。余每谓门人曰：此非颂偈，不易之定论，开人眼目之金针也。是书流布法社，其来已久。至洪武初，龙山禅师为之删繁摭要，分类成集，始版行于丛林。而恕中和尚，乃为之序。余观禅师重编之意，甚于恕师所论吻合。而恕师作序之意，又与禅师删摭心同。因效颦二师，遍采古宿遗珠，并搜近代全璧，依类增入，再行丛林。原集共七百三十二首，今增八百七十有奇。至若泛采阿私，则吾岂敢。或于见闻寡陋，惟高明教之。顺治丁酉。[2]

《迦陵禅师自序》

同是点画，所成之字，经有心眼者拈掇之，便能如画家点睛，令其人生气溢目，对之不觉咄咄叫绝。又如人各与镜面目，俾之了了。德山之棒，临济之喝，似犹逊此痛快。杂毒海所集往哲偈颂，皆是物也。此真道人本色文字。宗门中不得已

[1] 参见[清]释实月撰《理安寺志》卷七《著述》，江苏广陵古籍刻印社1996年版，第404—405页。

[2] 参见[清]释实月撰《理安寺志》卷七《著述》，江苏广陵古籍刻印社1996年版，第405页。

而有文字，必若是而后可也。予尝谓衲僧家，不向本分吐露，而驰骋聪明，炫耀辞句，与文人墨士角工巧、夸多斗靡是何异！尼山所云，君子而去仁也，若使之从毒海游，吾知必爽然自失矣。是集从恕中、梅谷二和尚增订之后，较龙山所作，尤成大观。但南中之板，流通不广，北方学者，恒少见焉。因重为刊出，其间补入一二，亦援梅和尚之例，并如梅和尚之言，非敢阿好也。昔世尊自述，在因时求得半偈，乃遍书于林叶石壁间，以传示国人。余今补刻之役，非与前人争功，聊代书叶书壁之劳尔。康熙甲午夏六月。[1]

[1] 参见[清]释实月撰《理安寺志》卷七《著述》，江苏广陵古籍刻印社1996年版，第409—410页。

第七章 迦陵禅师的衣钵传人——佛泉和尚

迦陵禅师在大觉寺住持方丈的时间，大约只有三年。这三年时间，除了编刻禅门经典外，他还做了一件非常重要的事情，那就是选定了衣钵传人——佛泉和尚。

佛泉，出生年不详，湖北景陵县人，俗姓张，法名实安，号佛泉。因性情笃实，潜心佛理，参悟甚深，得以成为迦陵禅师的嗣法弟子。雍正四年(1726)迦陵示寂后，经礼亲王传谕诏，由佛泉继任京西大觉寺方丈，并御前赐紫，成为传临济正宗第三十五世传人。雍正十年（1732)，朝廷又重赐迦陵弟子佛泉紫衣三袭，以示眷渥。乾隆九年(1744)冬，佛泉示寂，其灵塔立于北京西山大觉寺之南塔院，其碑铭云:“传临济正宗三十五世佛泉安和尚塔。”[1]佛泉禅师有《佛泉安禅师语录》上、下二卷,《佛泉安禅师后录》四卷流传于世，这些语录木刻板至今仍存于大觉寺之内，是研究佛泉禅师生平的重要资料，目前未见有印本传世，佛泉语录是其研修悟证的结晶。

大觉寺内现存《佛泉安禅师语录》(包括《后录》)计有书板九十三块，每块板框高二十厘米，宽三十厘米。半叶十行，行二十字。白口，中缝上部镌有“支那撰述”字样，四周双边。分两部分，一题为《佛泉安禅师语录》，一题为《佛泉安禅师后录》，此书镌刻于乾隆六年（1741）春。《佛泉安禅师语录》共六卷，嗣法门人际机等编第一卷、第四卷，际宽等编第二卷、第五卷，际寰等编第三卷、第六卷。《佛泉安禅师后录》四卷，嗣法门人际融、际太等编第一卷，嗣法门人际善、际存编第二卷，门人际有、际寰编第四卷，第三卷因卷首缺失，编者无考。此书目前未见有印本传世，因此书板得以保留至今，可称幸存。第四卷结尾处撰有佛泉禅师行状，因卷尾缺失，故只余一句：“师讳安，号佛泉，楚之湖北安陆府景陵县张氏子。”值得庆幸的是在《佛泉安禅师语录》及《后录》序文和书中部分

[1] 佛泉禅师塔铭之石刻，现存于大觉寺南莲花寺墙基之下，字迹清晰可辨。

文字中，我们可以了解到佛泉禅师的生平。

大觉佛泉公，我先法兄迦陵和尚之嗣也。当世宗皇帝在藩邸时，留心性宗，且帝以古佛再来，信根深重，其护持三宝为古今罕匹。若京兆之柏林、千佛、西山之大觉、古杭之南涧咸发重帑修造，捐资供众，命师兄次第住持。佛法之隆，于斯为最，以故四方龙象望风而翕聚者恒万余；指我师兄秉三尺龙须，指开觉路，闻正法者，不可胜数，而我佛泉公，尤为入室之真子焉。[1]

从这段序文可知：佛泉是迦陵禅师的继嗣人，即弟子中即位为大觉寺方丈者。佛泉是在迦陵极受雍亲王宠幸、一生中最得意时所收的入室弟子，关于佛泉师从迦陵的情形，在《佛泉安禅师语录》正文前，有署名“古吴查行者元昭氏”撰写的序言，称：

今我佛泉大和尚具笃实之性，生秉冰霜之操守，未入归宗之门，已如临济之在。黄檗位下三年，行业纯一，暨受迦老人付嘱之后，潜心苦志，参则真参，悟则真悟，修则真修，真云居所谓行之之人，而余所谓行而后能言之人也。及乎老人辞世，佛公奉其灵龛，建塔于京畿西山大觉寺之傍。庐墓而兼主席，一瓢自爱，足不入城者十有余年。凡城中之学士大夫慕佛公之名而求一见者，山城迢递，邈不可得，盖其真实践履，能令人一望而生欢喜心。而出一言吐一气，亦使人当下知归。噫！不意际此佛法陵夷之日，而得我佛泉和尚之笃行，君子哉！[2]

作为迦陵禅师的嗣法传人，佛泉对恩师有着特殊的感情。

1722年雍正登基，迦陵禅师却离京南行，作为迦陵的大弟子，佛泉不忘师恩，追随迦陵南行不离左右，历尽艰难。寺藏《佛泉安禅师语录》序文中这样写道：

厥后，世宗御极，我师兄退隐匡阜，四海英豪，亦皆星散，而佛公（迦陵嗣位弟子佛泉）等数人甘心藜藿，木食草衣，执侍靡倦。其为道之真切，事师之诚挚，不啻婴儿之于慈母，有终身不忍离者。[3]

雍正四年（1726）迦陵在江西辞世，雍正闻讯后降旨褒赐迦陵为国师，命佛泉奉其灵骨回北京西山大觉寺建塔安葬。序文中也描述了这一情况：

---

[1] 参见[清]调梅鼎禅师撰《佛泉安禅师语录》序，木刻书板藏于北京大觉寺。

[2] 参见[清]古吴查行者元昭氏撰《佛泉安禅师语录》序，木刻书板藏于北京大觉寺。

[3] 参见[清]调梅鼎禅师撰《佛泉安禅师语录》序，木刻书板藏于北京大觉寺。

痛我师兄，于丙午秋谢世。上闻之，不忍置荒烟寂寞之，以特命佛公等请灵龛建塔西山大觉寺之傍，而佛公即主席方丈。[1]

也就是在这一年，迦陵的弟子佛泉禅师被任命为西山大觉寺住持。雍正在迦陵圆寂后，对大觉寺的眷顾有增无减。《佛泉安禅师语录》中记载了佛泉禅师继席大觉寺方丈受清室封赐的一些事情：

师于雍正五年四月八日御前赐紫，又于十年壬子元旦三日重赐紫衣三袭，到山上堂，师捧衣示众云：大庾岭头提不起，九重深处风□来，曹溪未肯轻传世，今日承恩大展开。[2]

雍正对迦陵的弟子佛泉可谓恩礼甚厚。

佛泉继任大觉寺方丈后，举办法会，宣讲禅法，有许多朝廷重臣，包括皇上的弟弟和硕怡亲王允祥也经常亲临现场，因此在《佛泉安禅师语录》中除念及雍正皇帝恩宠之外，还不断多次提及怡亲王的恩典："恭祝和硕怡亲王殿下永佑圣明，常光佛日。"

今大觉寺所藏迦陵和尚画像，即有"大觉堂上第二代继席法徒实安"题写的《老和尚像赞》一则，对于间接了解迦陵与雍正帝的关系，很能启人深思。像赞曰：

欲要赞，只恐污涂这老汉。欲要毁，又怕虚空笑破嘴。既难赞，又难毁，父子冤仇凭谁委？不是儿孙解奉重，大清国内谁睬你！咄，这样无智阿师，怎受人天敬礼。[3]

很明显，这则像赞中，既有"棒喝"之语，又有愤激之言，充溢着嗣法弟子对先师结交最高权力者的"微词"。明明谥为"妙智"，赞语却称"无智"，虽已贵为"国师"，却又在大清国内无人理睬，或许这就是你结交皇帝的下场！而"父子冤仇凭谁委"一句，更是事关机要，深意存焉。据推断，这句话的原意是：康熙和雍正父子之间的恩恩怨怨，又有谁能说得清原委呢？！

佛泉与其师相知甚深，对于迦陵自恃明敏善辩，参与世俗之务，颇多微词。在他的语录中有二首题为《国师勘三藏》的七言诗，论迦陵生平行事很有见地。

[1] 参见[清]调梅鼎禅师撰《佛泉安禅师语录》序，木刻书板藏于北京大觉寺。

[2] 参见[清]调梅鼎禅师撰《佛泉安禅师语录》序，木刻书板藏于北京大觉寺。

[3] 参见[清]《迦陵禅师画像》像赞，迦陵之弟子实安敬题，同治二年（1863）秋重装，北京大觉寺藏。

他在诗前小序中说：

若以世谛论，国师错过三藏；若以真谛论，三藏错过国师。彼此错过且置，毕竟第三度在什么处？错！错！[1]

在辩证的哲理中，隐含着深沉的无奈。而第一首诗，则以反语锐辞，抒写了对迦陵因聪敏而伤自身的泣血之叹，也颇堪玩味：

舌尖带剑欲伤人，纵使英雄也丧身。
不是三藏暗捉败，几乎千古恨难伸！[2]

[1] 参见[清]释际宽等编《佛泉安禅师语录》卷五，第十二页，木刻书板藏于北京大觉寺。

[2] 参见孙荣芬《迦陵禅师雍正皇帝》，《北京文博》2005年第3期，总第41期。

第八章 大觉寺丛林清规之“禁止”清规

京西大觉寺是北京一座著名的禅宗寺院，该寺创建至今，已近千载。它曾是辽时期“幽都之胜概”[1]，也曾是金章宗的“离宫别院”，明宣宗赐予其“大觉禅寺”之名，清王朝也对它“厚遇有加”。可以说，它的兴衰荣辱是中国历史发展进程中一个局部历史背景的缩影。可是，这个寺庙为何历经近千载却依然一直颖于丛林？仅仅是各王朝皇室的眷顾吗？或许并不尽然。大觉寺除作为皇家寺院享受着各种厚遇之外，其自身的清修及严谨的规制也深深地影响着它的发展。

从佛教宗派上分，大觉寺是一座以禅宗为主的寺院，尤其在清代，大觉寺作为禅宗临济宗的弘法道场，先后涌现了迦陵、佛泉等学养较深的临济派高僧，他们制定的“大觉寺丛林清规”，对于弘扬禅宗教理、重振禅林宗风以及推动大觉寺的发展，曾起了不小的作用。

北京西山大觉寺内，现藏有“清规”琉璃砖及《丛林规约禁止清规》《禅堂规条》文书档案，这些文物的存在，为了解这座寺庙清代时的丛林制度及临济宗派的传承发展有着重要的参考价值。

一、何为“丛林清规”

“丛林”，亦称“禅林”，指佛教僧众聚居的寺院。因比丘和合一处，有如众木相倚成林，故名，后泛称寺院为丛林，[2] 亦多指禅宗寺院。

“清规”，即“僧制”的别称，亦称“僧规”“僧尽”等。指僧人所应遵守的

[1] 大觉寺寺藏辽咸雍四年（1068）刻《阳台山清水院创造藏经记》石碑，碑文载“阳台山者，蓟壤之名峰；清水院者，幽都之胜概”。清水院，即今之大觉寺。

[2] 参见《辞海》，上海辞书出版社1989年版，第46页。

规章制度，具体除戒律外，还有一些寺院生活的规定等，也有政府对僧人的其他规定。中国古代的丛林清规，以唐代怀海所撰《百丈清规》为著名。[1]“清规”，字面的意思是清净的仪轨，实际上就是禅宗自身生产生活、寺院管理等方面的制度与规定。禅宗认为，清规可以保证寺院大众的清净，有利于禅宗的生存与发展，所以称之为“清规”。禅宗的清规，一方面是根据禅宗生活实践进行创新的产物，另一方面则是改造、汲取传统律学的结果。[2]

佛教的戒律，是由佛祖释迦牟尼所制定，它规范了僧众的集体生活及清众个人生活的准则。丛林制度的建立，则是源于佛教戒律的演变。禅宗以南北朝时入华的古印度僧人菩提达摩为初祖，至五祖弘忍而下又分为南北两派，迅速发展，以至后来成为中国佛教的最大宗派之一。此后马祖道一与百丈怀海禅师，鉴于中国的风土民情与地理环境等各方面的因素，因地制宜地对戒律进行部分继承与修改创新，创立了中国佛教的丛林制度。丛林制度的规范，尤得力于百丈怀海禅师。据禅门正统载：“元和九年，百丈怀海禅师，始立天下丛林规式，谓之清规。”此即《百丈清规》，因此就有了“马祖创丛林、百丈立清规”的说法。

《百丈清规》流行到北宋，历时已久，难免混乱，故崇宁以后，历有增订。现可考的，有北宋崇宁二年（1103）宗赜重编的《禅苑清规》十卷，亦称《崇宁清规》，百丈之作乃被称为“古规”。后至南宋咸淳十年（1274），又有金华参异存同而编成的《丛林校定清规总要》二卷，又称《咸淳清规》。再后到元代至大四年（1311），东林一咸改编成《禅林备用清规》十卷，又称《至大清规》。这些虽是比较通行之本，但不能使诸方统一而毫无增损。因此，元顺帝元统三年（1335），朝廷命江西百丈山住持德辉重辑定本，并由金陵大龙翔集庆寺住持大浒等校正。德辉乃取《崇宁》《咸淳》《至大》三本荟萃参同，重新诠次，又删繁补缺，折中得失，分成九章，合为二卷。此本即名《敕修百丈清规》，颁行全国，共同遵守。虽其名仍为《百丈清规》，而内容精神已去古远矣，面目全非。从明迄今，数百年间，都通行此本，只分卷略有出入而已（明藏本改刻为八卷）。

大觉寺之丛林清规，自是在遵循《敕修百丈清规》的基础上演化而来。

---

[1] 参见《中国佛教文化大典》，青海人民出版社1999年版，第697页。

[2] 参见《中国禅宗典籍丛刊——禅苑清规》，中州古籍出版社2001年版，第180页。

二、大觉寺现藏的与“丛林清规”相关的文物

（一）“清规”琉璃砖

大觉寺寺藏两块清代琉璃砖雕，上面分别刻有“清”“规”二字。琉璃砖四十八厘米见方，厚九厘米，“清”字砖保存完整，背后写有朱砂字——“冀”。“规”字砖有明显的断裂拼接痕迹，拼接处由胶粘及钉锔而成，背后写有墨笔字——“大”。琉璃砖以四十五度角倾斜镶嵌于木架之上，架子木质概为松柏木，木架通高一百零五厘米，保存基本完好，部分榫卯相接处有钉钜加固。木架最上端为祥云游龙纹饰，龙身中段为太极图，二龙相对，栩栩如生。“清”“规”琉璃砖外木边框是宝剑纹饰。木架两侧三角横截面中心分别为松枝、梅花鹿和梅花枝、仙鹤吉祥图案，横截面边框饰有梅、兰、竹、菊“四君子”纹饰。木架的架子腿为兽腿兽爪形。两个木架虽有局部破损，但其整体造型及局部纹饰雕工都十分精致，整体看起来庄重、威仪。“清规”作为禅宗寺院的一种仪轨制度，严格约束着清众的日常修行，寺院将“清规”二字制作成琉璃砖雕并置于禅堂之内，大概是时时警醒寺僧严守清规，谨慎而行。

（二）契约文书档案《丛林规约禁止清规》及《禅堂规条》

大觉寺寺藏的契约文书档案中，有两件非常珍贵的文书档案，分别是“清代光绪甲午年壬辰月二十五日《丛林规约禁止清规》”和“清代光绪甲午年己巳月下浣[1]《禅堂规条》”。《丛林规约禁止清规》，长五十七厘米，宽五十一厘米，局部残损。《禅堂规条》长九十六厘米，宽五十厘米，保存完整。

光绪甲午年为光绪二十年（1894），这一年农历四月为己巳月，《禅堂规条》即为光绪二十年农历四月下浣颁布施行。而光绪甲午年并没有壬辰月，只有戊辰月（农历三月）或壬申月（农历七月），所以寺藏《丛林规约禁止清规》中落款时间“光绪甲午年壬辰月二十五日”是错误的，正确时间应为戊辰月或壬申月。仔细观看这两份文书档案，两份档案内容是相同的，但其中《丛林规约禁止清规》纸张破损严重，且字迹潦草，时间错误，似为草稿;《禅堂规条》则纸张保存完好，

[1] 下浣：即下旬。《现代汉语词典》注：浣，唐代定制，官吏十天一次休息沐浴，每月分为上浣、中浣、下浣，后来借作上旬、中旬、下旬的别称。

且字迹工整，时间正确，似为誊录而成。据此推断，《丛林规约禁止清规》应写在《禅堂规条》之前，疑是草稿，字迹潦草、落款时间有误则不足为奇，《禅堂规条》根据《丛林规约禁止清规》认真誊录，字迹工整，落款时间正确无误。后世僧人在对这批文书档案的保存中，对《禅堂规条》的保护尤其重视，所以保存完好，而《丛林规约禁止清规》则褶皱、泛黄，破损严重。若《丛林规约禁止清规》确为草稿，则正确抄写时间必在光绪甲午年己巳月（农历四月）之前，实应为光绪甲午年戊辰月（农历三月）。

《禅堂规条》所列诸项，实际就是“丛林规约禁止清规”，规定施行的也只是丛林清规中严令禁止的内容，如若触犯，则按照禅堂规条严行处罚。

（三）清代木刻经板

大觉寺寺藏清代木刻经板八种，其中《宗鉴语要》《宗鉴指要》为迦陵禅师语录，《佛泉安禅师语录》《佛泉安禅师后录》为迦陵弟子佛泉禅师语录，《月天宽禅师语录》为佛泉弟子月天禅师语录。迦陵音、佛泉安、月天宽三位禅师分别为大觉寺在清代康熙、雍正、乾隆三朝的住持，他们的语录除记述佛教禅理及一些历史事件外，还从侧面间接地反映了清代清规中的一些具体内容，这对于了解清代的丛林清规制度具有非常重要的研究价值。

语录中有关于祝圣方面的记载，即对当朝皇室的“圣节”举行宗教仪式的祈祷祝福，如《月天宽禅师语录·卷上》记载：

元旦，上堂拈香，云：“此一瓣香端为祝延当今皇帝万岁万岁万万岁，伏愿金轮共法轮常转，舜日与佛日同辉。”

语录中有关于报恩方面的记载，即对“国忌日”“供天”“祈晴”等举行的宗教仪式，如《月天宽禅师语录·卷上》记载：

奉旨重修大觉寺告竣，后结制谢恩，上堂拈香祝圣。

语录中有关于“大众”章之“佛七”“坐禅”等记载，如《佛泉安禅师语录》卷一：

解夏小参：一叶落天下秋，一尘起大地收。

又如《月天宽禅师语录·卷上》：

起七，内不放出，外不放入。

此外，语录中还有很多关于清规中祝圣、国忌、祈祷、佛诞节、涅槃节、达摩忌、百丈忌以及各寺历代诸祖忌等仪式的记载。

三、清规之“肃众”与大觉寺丛林清规之“禁止清规”

《敕修百丈清规》有九章，前四章主要规定关于祝圣、国忌、祈祷、佛诞节、涅槃节、达摩忌、百丈忌以及各寺历代诸祖忌等仪式，这些都是律所未定，古规没有的。除此以下，才算是丛林本身的规章制度，内容分别为住持、两序、大众、节腊、法器。

《敕修百丈清规》第五章“住持”中有关于“肃众”的规定，“肃众”即丛林中对僧众违犯清规的处分。

大藏经内载，宋翰林学士杨亿，推原百丈立规之意。略曰：或有假号窃形，混于清众，别致喧挠之事，即当维那捡举，抽下本位挂搭，摈令出院者，贵安清众也。或彼有所犯，即以拄杖杖之，集众烧衣钵道具，遣逐偏门而出者，示耻辱也。详此一条，制有四益：一不污清众，生恭敬故；二不毁僧形，循佛制故；三不扰公门，省狱讼故；四不泄于外，护宗纲故；然百丈创规。折衷佛律五篇七聚，弘范三界，梵檀摈治，自恣举过，以肃其众。国朝累圣，戒饬僧徒，严遵佛制。除刑名重罪例属有司外，若僧人自相干犯，当以清规律之。若斗诤犯分，若污行纵逸，若侵渔常住，若私窃钱物，宜从家训，毋扬外丑。盖悉称释氏，准俗同亲，恪守祖规，随事惩戒，重则集众棰摈。轻则罚钱、罚香、罚油，而榜示之，如关系钱物，则责状追陪，惟平惟允，使自悔艾，《古规绳颂》云：“盗财并斗诤，酒色污僧伦，速遣离清众，容留即败群。”又云：“犯重焚衣钵，应当集众人，山藤聊示耻，驱摈出偏门。”大惠禅师住育王时，榜示堂司：僧争无明决非好僧，有理无理并皆出院。或议有理而亦摈，疑若未当。盖僧当忍辱，若执有理而争者，即是无明，故同摈之息，诤于未萌也。”[1]

景德传灯录卷六末禅门规式中，也有关于“肃众”的记载：

或有假号窃形，混于清众，并别致喧挠之事，即堂维那检举，抽下本位挂搭，

[1] 参见[元]德辉主编《中国禅宗典籍丛刊·敕修百丈清规》，中州古籍出版社2011年，第56页。

摈令出院者，贵安清众也。或彼有所犯，即以拄杖杖之，集众烧衣钵道具，遣逐从偏门而出者，示耻辱也。详此一条制有四益：一不污清众，生恭信故。三业不善，不可共住，准律合用梵坛法治之者，当驱出院。清众既安，恭信生矣。二不毁僧形，循佛制故。随宜惩罚，得留法服，后必悔之。三不扰公门，省狱讼故。四不泄于外，护宗纲故。四来同居，圣凡孰辨？且如来应世，尚有六群之党。况今像末，岂得全无？但见一僧有过，便雷例讥诮，殊不知以轻众坏法，其损甚大。今禅门若稍无妨害者，宜依百丈丛林格式，量事区分。且立法防奸，不为贤士。然宁可有格而无犯，不可有犯而无教。惟百丈禅师护法之益，其大矣哉！[1]

大觉寺所藏《禅堂规条》和《丛林规约禁止清规》，主要阐述的是清规当中明令禁止的内容，故与“肃众”似有相通之处。

《禅堂规条》录文如下：

禅堂规条开列于左

一破四条根本大戒者，重罚出堂。

一上殿过堂出入高声语笑，不随众，违者重罚出堂。

一咷咬是非搅群乱众，犯者重罚出堂。

一交手相打，口舌是非相骂不威仪，犯者重罚出堂。

一出入不白职事，放意舒散，无事出门，犯者重罚出堂。

一私窜寮房谈论别人口舌是非，犯者重罚。

一行香坐香交头接耳，犯者重罚。

一跑香坐香睁（争）香板抗香板，犯者重罚。

一轮流监香以公报私下香板者，违者重罚。

一凡坐香不抱说头，三香板不下单，违者重者重罚。

一送香报换不清楚者，重罚。

一开静止静错乱，钟板犍摧（椎）不留心者，重罚。

一堂中不许评论看外经书典集公案，违者重罚。

一堂中轮流当直（值）损坏物件过二堂误二板，违者重罚。

一不受职事约束，私窜单乱位者，重罚。

[1] 参见[宋]道原著，顾宏义译注《景德传灯录译注》（一）卷六《南岳怀让禅师法嗣（之一）》，上海书店出版社2009年版，第429页。

一私用堂中什物私造饮食，违者重罚。

一结制以后不满期不季头，不满三月告假起，单违者罚。

一无事三五成群游玩山境，违者重罚。

一懒惰偷闲失误上殿过堂，违者重罚。

一以上规条各守清规慎勿违犯。

光绪甲午年己巳月下浣　　　　禅宗证脉

方丈特示[1]

以上是大觉寺《禅堂规条》的内容，即大觉寺丛林清规之禁止清规，寺内清众需“各守清规”“慎勿违犯”，如有违犯者将重罚不贷甚至被赶出禅堂。这些内容虽与《敕修百丈清规》“住持”章关于“肃众”的内容有相通之处，但也有其自身的特点。大觉寺丛林清规之禁止清规诸项内容，较古清规各项更加具体，规定的范围却宽泛了许多。这种变化的产生，应是各禅宗寺庙在历史进程中根据自身的发展而演变的结果。但就大觉寺作为禅宗寺庙的历史地位而言，其发展变化应具有一定的代表性。作为禅宗寺庙，清代是大觉寺宗派发展的鼎盛时期。迦陵禅师作为临济正宗第三十四世大觉堂上第一代开坛演法宗师，他心志高远，欲将临济宗风弘扬光大，其眼界绝不只停留于“大觉寺”这样一个单纯的皇家寺庙，甚至试图将阳台山乃至西山一脉发展为禅宗临济宗派弘法的道场。他蓄意把“大觉寺”改为“佛泉寺”，把“阳台山”改为“大觉山”，并想趁与雍亲王交往密切、雍亲王又顺利登基之时，在雍正皇帝这把皇权大伞的庇护下，实现自己广播佛法、力振宗风于禅林的宏图大志。然而，事与愿违。雍正即位后，迦陵反失宠，悄然南游，其后关于山寺更名一事也就不了了之了。在迦陵禅师之后，大觉寺还出现了如佛泉、月天、慧彻、空恒、佛果、福振等多位戒行高远的住持高僧。山寺更名之事虽未实现，但大觉寺作为一座皇家寺庙依然享受着皇室的恩宠，颖于丛林之中。大觉寺的历史地位决定了其对其他禅宗寺庙清规制度的必然影响。

在大觉寺这座著名的禅宗古刹中，丛林清规之禁止清规时刻约束着清众的修行。寺僧们伴着暮鼓晨钟，谨慎地恪守着清规，清修而为。就这样日复一日，年复一年。寺庙中这些琉璃砖雕、木刻经板、契约文书等相关文物遗存，正在以历史的方式向我们讲述着逐渐逝去的往事。

---

[1] 参见大觉寺寺藏契约文书QW-127号档案《禅堂规条》。

第九章 迦陵禅师与即位之后的雍正皇帝

一、离开大觉寺，飘然南游

迦陵禅师在大觉寺住持的时间大约只有三年，从康熙五十九年（1720）由江西庐山归宗寺受诏而至，到当年秋，雍亲王亲撰《送迦陵禅师安大觉方丈碑记》立石碑记述此事以示恩宠，终至雍正元年（1723）春，原来的雍亲王胤禛荣登大宝，成为一国之君，迦陵禅师完成了他住持大觉寺的历史使命。在寺期间，他继续编撰禅门经典，为寺庙修缮，购置斋田，甚至选择好自己的衣钵传人等，这些都是有文字可考的历史。

雍正皇帝即位，和他极为熟识的迦陵禅师按常理本该得到更好的厚遇，然而事实却恰恰相反，雍正元年（1723）春，迦陵忽然辞谢大觉寺住持之事，飘然南下，从此一瓢一笠，山栖水宿，居无定止，过起了云游隐居的生活。雍正四年（1726）年秋，迦陵复还归宗寺之吹馀静室，闭门不问世事，并于当年九月二十九日，以微疾小恙示寂。迦陵的突然南行、隐居和遽然死去，可以说迷雾重重，其举动多有令人不解之处。

关于期间迦陵禅师如何度过云游隐居的生活，目前似乎已无从查知，但迦陵禅师没有被擢拔，反而忽辞寺务、离开京师、云游隐居，无人知其所在，这一系列一反常态的事情，使人不禁多了些猜测。

实际上，和迦陵同命运的还有一位僧人，就是弘素。弘素和尚也是雍亲王府常客，他与胤禛结识时间比迦陵还要长。雍正登位后，弘素也被变相逐出京师，大约也是在雍正四年(1726)前后死去。可能这位弘素不如迦陵能参透俗世“三昧”，对政治斗争的复杂程度了解不深，所以他出京后，不能像迦陵那样放情云水，“谢绝尘境”，而是与其门徒们招摇地方，争言与皇上有密切的关系，这就大大触犯了雍正的忌讳。可能是在潜邸时，胤禛赏赐给弘素《金刚经》一部，并手书序文一篇。弘素出京死后，其弟子欲刊刻流传。雍正闻报大怒，谕礼部：

前博尔多来京陛，见奏称僧人弘素处有朕昔年赏赐《金刚经》一部，上有朕所制序文，今欲刊刻流传。朕细思向来未曾有此事，因命博尔多将此经取来阅看，昨日赍到。朕阅看时，序文及字俱非朕笔，且将朕讳皆书写错误，甚不可解。闻弘素已经身故，其同寺僧人必有知其来由者，可即行文问明……朕在藩邸时，因府第与柏林寺相近，闲暇之时间与僧人谈论内典，并非以僧人为可信用也。况今临御天下，岂有密用僧人治天下之理？近日直隶宣化府、江南苏州府等处，竟有僧人假称朕旨，在彼招摇生事，二案已经发觉惩治。此等小人行为，皆于朕之声名大有关系，尔部不可不严行禁饬。若再有此等，着该地方官访拿参奏，不得疏纵。年来各处呈缴御笔，今限期已满，尚有未缴者，所缴之内亦有假笔混杂，朕俱从宽不行深究。今又有《金刚经》序文之事，尔部可严行各省以文到之日，再限一年，务令全缴，倘更隐漏，定行治罪，特谕。

在这番上谕中，雍正不仅否定曾有赐经写序之事，而且再次申明自己不会“密用僧人治天下”，并严饬收缴散于各处的“御笔”。明眼人一看便知，这位已“临御天下”的雍正，已非昔日韬晦潜邸的皇子，今天的他，为了自己的“清名”和社稷，不仅要收回以前的“御笔”，而且要追究一切自以为是、不识时务者。

同弘素及其弟子们相比，迦陵的下场和结局也许还算幸运：被封为大清国师，赠谥“圆通妙智”，诏在京西建塔以安其灵骨，并将其《语录》收入经藏。

二、庐山归宗寺（隐居寺）——圆寂

雍正四年（1726）年秋，迦陵禅师漂泊隐居了近四年后，又回到了他受诏至京师大觉寺之前的这个寺院——庐山归宗寺。这个寺院还有一个名字，雍正皇帝在雍正四年十二月初八日上谕中称其为“隐居寺”，这实在是值得我们玩味的一件事情。

微疾泊然而逝。

敕赠圆通妙智大觉禅师。

建塔于京西天寿山。

一生领众二十年，坐九道场，参徒浩渺。

著录《十会语录》二十卷，《宗鉴语要》《宗鉴指要》各一卷，《宗鉴法林》

七十二卷，《是名正句》八卷，《宗统一丝》十二卷，《杂毒海》八卷，皆刊刻行世。

雍正四年（1726）九月二十九日，迦陵禅师圆寂。

雍正四年十二月，雍正帝褒赐碑文，追赠国师，谥曰“圆通妙觉大智禅师”，其文曰：

扬正觉于法门，高风如在；表清修于净域，契密犹传。特赉丝纶，用垂琬琰。尔性音，心灵炯彻，见地高超，似明镜之无尘，比慈灯之远照。朕藩邸多暇内典，时披深究性宗直探微妙间，与缁流相接，惟尔品谊最高。睿般若之心源，虚名湛寂；阐能仁之妙谛，愿力弘深。爰选胜于西山，俾栖禅于大觉。自朕丕绍鸿图，尔遂力辞凤阁，飘然瓶钵，归隐匡庐，谨守律规，远离尘境，名不闻于宰史，果已证于法王。方畅遐迹，忽闻示寂，式稽恩例，追赠尔为国师，谥圆通妙觉大智禅师，所著语录，悉入经藏。呜呼，慈云拥护，胜因昭示于恒沙；佛日光华，慧业长留于梵天。余徽永播，不亦休欤！[1]

上文所说谥“圆通妙觉大智禅师”，而《理安寺志》和大觉寺迦陵禅师塔铭均记为“圆通妙智大觉禅师”，谥号字序的差误，不知是当时记载人的疏忽，还是有其他特殊的含义。

此文不过二百余字，却言简意赅地把雍正皇帝自己与迦陵禅师的佛缘，迦陵禅师的人品、见地、佛学修养，以及雍正对迦陵的恩遇，迦陵不负雍正之望归隐、圆寂等事情，概括得全面而具体，同时也饱含了雍正皇帝对迦陵禅师的恩宠和赞誉之情。

迦陵禅师圆寂后，归宗寺曾为其建衣钵塔。据《庐山归宗寺志》记载：“国师塔，在寺右里许，即古灵溪观地塔，惟衣钵，真身迁北京西山大觉寺矣。塔左有御碑亭。”[2]此处所说“御碑亭”，即雍正皇帝为褒赐迦陵禅师而亲撰碑文、刻碑石以示恩宠所建之亭；“国师塔”，即迦陵禅师衣钵塔。《庐山归宗寺志》亦载：“真身既迁京都，门人实綍、法子大觉等与督修何懿复为师衣钵塔，以当胜迹。”[3]

[1] 参见[明]释德清纂，[清]周宗建订补《庐山归宗寺志》卷一，江苏广陵古籍刻印社1996年版，第92—93页。

[2] 参见[明]释德清纂，[清]周宗建订补《庐山归宗寺志》卷一，江苏广陵古籍刻印社1996年版，第28—29页。

[3] 参见[明]释德清纂，[清]周宗建订补《庐山归宗寺志》卷一，江苏广陵古籍刻印社1996年版，第91—92页。

三、雍正四年十二月初八日上谕

迦陵禅师圆寂之后，雍正皇帝追赠国师号，御制碑文，并将其灵骨迁往京都大觉寺建塔埋葬，此番恩宠似乎已经完美无瑕，但终究还是有很多耐人寻味、令人费解之处。

但从雍正四年十二月对内阁上谕中，似可看出一些端倪：

朕在藩邸时，批阅经史之余，每观释氏内典，实契性宗之旨，因时与禅僧相接。惟性音深悟圆通，能阐微妙，其人品见地，超越诸僧之上。朕于西山建大觉寺，为其静修之所。以朕嗣登宝位，凡体国经邦，一应庶务，自有古帝王治世大法。佛氏见性明心之学，与治道无涉。且若以旧邸熟识僧人，仍令主席京师，天下或以朕有好佛之心，深有未可，且有累于性音之清行。而性音亦力辞归隐，遂安禅于庐山隐居寺四年。于兹谨守寺规，谢绝尘境，即本省大吏尽不知不闻也。今闻其圆寂，朕心深为轸恤，著照玉林加恩之例，追赠国师，并赐其谥号，交内阁撰拟。其语录乃近代僧人所罕能者，著入经藏，以彰其真修翼善之功。”[1]

迦陵性音与雍正皇帝近二十载过从、机缘深契。雍正在潜邸时就在西山修整大觉寺供其静修，这是朝野共知之事。然而就在雍正登极甫定之日，性音却弃鲜花着锦之盛势，飘然南下。迦陵南行已令禅林不解，迦陵之死更让他的弟子们觉得不明不白，因此才有“纵使英雄也丧身”与“千古恨难伸”之叹。雍正深知这一点，所以在评价性音“人品见地、超越诸僧之上”后，解释性音在他登极后突然出走的原因：“且若以旧邸熟识僧人，仍令主席京师，天下或以朕有好佛之心，深有未可。”又说“性音亦力辞归隐”。其实，这种解释似乎恰恰表明了迦陵的被放逐和悄然而逝，与雍正有直接的关系。

是雍正在重行“狡兔死，走狗烹；飞鸟尽，良弓藏”的帝王之术，以掩饰旧污、保护清名？还是这位迦陵禅师了解许多绝不应该为外人所知的藩邸旧事，甚至能详细道出雍亲王与其父康熙帝的恩怨来（迦陵和尚像赞曰“父子冤仇凭谁委”）？这些实情已不得而知，仅能凭这些史料略加揣测了。[2]

---

[1] 参见[清]释实月撰《理安寺志》卷一《恩宠》，江苏广陵古籍刻印社1996年版，第23—24页。

[2] 参见孙荣芬《迦陵禅师与雍正皇帝》，《北京文博》2005年第3期，总第41期。

第十章 迦陵禅师圆寂身后种种

一、恩典

迦陵禅师圆寂之后，从雍正皇帝对内阁的上谕和为庐山归宗寺亲撰御碑文等事，可以感受到雍正皇帝对迦陵禅师的眷顾，其中重要一项恩例，便是将迦陵禅师语录辑入清大藏经之列，于僧人而言，这是何等的恩宠？！

《圆通妙智大觉禅师语录》，二十卷，清释性音撰，实力、实慧编，翰林院编修吴世行楷手书上板，清雍正五年（1727）内府刊本。板框长二十七点八厘米，宽十二点八厘米，半开五行，行十七字，经折装，两函，二十册。每函首册前有《佛说法》图、龙纹牌记，牌记上书“大清雍正五年”，册末有韦驮像。

《圆通妙智大觉禅师语录》的内容分为寺录、普说、举古、拈古、颂古、法语、佛事、佛祖赞、聊方偈等。“寺录”为性音在各寺庙时的语录，“普说”为释家禅宗向僧众宣讲佛法之意，布法法师兼答众生疑难，“举古”为佛教禅宗咏唱前辈祖师的事迹和典故，“拈古”为佛教禅宗对典则故事加以评说并阐明教义，“颂古”为后人赋诗，吟咏佛祖释迦牟尼和其他祖师的言行，“法语”是对佛教禅宗“正法眼藏”教义的阐述评说，“佛事”即佛家教化众生之事；“佛祖赞”起始于释迦牟尼，终止于四十三祖东禅梦庵超格禅师；“聊方偈”为性音与僧众的偈语。卷末为行述，即性音的生平事迹，为其弟子实力、实慧所撰。

该经收入《龙藏》即《乾隆版大藏经》中。

雕版为枣木板两块拼接。此书扉页图版刀笔清圆活泼，细腻生动，为清早期佛经扉页画的代表作。值得一提的是，此扉页版画《佛说法》图及龙牌记雕版至今仍保存完好，现藏于故宫博物院图书馆。[1]

[1] 参见《圆通妙智大觉禅师语录》，现藏于北京故宫博物院图书馆。

此外，雍正五年（1727），经怡亲王传谕诏，任迦陵禅师大弟子佛泉（实安）为大觉寺住持，并御前赐紫。

雍正六年(1728)正月初五,雍正谕旨诏迦陵嗣法师弟调梅禅师主柏林寺方丈。

雍正六年，在庐山归宗寺敕建行宫，“以迦陵禅师故也”。

雍正六年十月，“国师圆通妙智大觉禅师传临济正宗三十四世迦陵音和尚塔”在京师（今北京）西山建成,迦陵禅师灵骨（舍利）从江西庐山归宗寺移至入塔，其牌位进入大觉寺临济祖堂，其画像（纸本，设色，纵长两米，宽一点零四米）入影堂供奉。

雍正八年（1730），迦陵嗣法师弟调梅禅师受赐紫衣，赐帑金五百金饭僧。

雍正十年（1732），朝廷又重赐迦陵弟子佛泉紫衣三袭，以示眷渥。

雍正十一年（1733）正月八日，恩赐调梅禅师碧玉如意一握，金转轮藏一座。二月八日调梅禅师奏修笑严宝祖塔院及各处大刹，皇上皆允许。

综合以上境遇，雍正皇帝对迦陵禅师的恩遇可谓有始有终，不仅对迦陵圆寂之后撰御碑文、赐封号、入经藏、迁灵塔等事关怀备至，还荫及迦陵曾经住持的寺庙和他的嗣法师弟、徒子法孙。照此看来，雍正皇帝和迦陵禅师的情谊还是相当深厚和长久的，如果没有其他事情，这样的结局应该算是不错的了。

二、变脸

迦陵死后“哀荣”并未能保持长久，过了没几年，雍正帝对其态度突然发生了巨大的变化，一改以前的赞誉有加、恩礼备至，说自己早就发现迦陵品行有亏，行为不端，以法界之人却喜干预尘俗之事，所以在登极后令其离开京城，以护佛门清规。并说性音语录含糊费解，不能有利众生，“朕从前失于检点，亦性音辜负朕恩处,著削去所赐‘国师’封号,其语录入藏者亦著撤出”(《雍正朝汉文谕旨》)。不仅如此，雍正还敕令地方官严加访查，不许性音门徒记录当年雍亲王与僧衲交往的情况，更不准将这类文书加以保存，否则治以重罪。

究竟是什么原因使雍正一改常态，不惜否定自己以前的“圣谕”，还承认“失于检点”，而对迦陵大加贬斥呢？是不是性音在离京师南下隐居时，曾参与世事，透露过某些有碍雍正帝清名的“底细密事”，而被雍正发现了呢？不过依迦陵的阅世之深、度事之敏，出这种纰漏的可能性不大，因为那样会招来更大的灾祸，其后果绝不是黜封号、撤语录的惩处，削谥号、拆灵塔、焚著作也许还是“皇恩浩荡”了呢。

据今天北京西山大觉寺所藏的迦陵画像、书板等相关资料，推测其当时惹恼雍正的原因可能有两条：一是迦陵的语录中，有许多记录雍亲王与僧衲交往的内容，属于不能保存流传的“机密文书”，如上文提到的《宗鉴语要》和《宗鉴指要》，这类记述几乎俯拾即是——雍正一经发现，能不骨鲠在喉，弃而毁之？另一个原因是迦陵的弟子们为其师取祸。迦陵被逐而死，深知其因的嗣法门人能不怨恨在心？所以难免形于面或言于人。如迦陵的付法传人，继主大觉寺方丈的佛泉实安和尚，在迦陵圆寂后，悲愤之情，不能自已，所以留下了不少怀念先师、讽喻世情的文字。除了本文开头所引的《老和尚像赞》和《国师勘三藏》一诗外，在《佛泉安禅师语录》卷五“佛事”一节中，关于大觉寺弟子们为迦陵做佛事的描述，捎带着语及雍正，看去沉痛悲切，实则机锋处处，颇勘玩味。

先老和尚讣至，上供拈香云：超情尘，越三界，何止廓然无圣，直得心如死水。任尔狂风，纤波不动。忽闻先师讣至，不觉倒岳倾湫。非是小儿无定力，只缘恩大实难酬。

先老和尚二周忌，拈香云：先师知处，小子不知；小子知处，先师不知。只这不知，碎身为微尘，是实难凑泊。欲要哭，哭不得；欲要笑，笑不是……

先老和尚三周忌，上供：破家荡产，起死回生。老汉惯用红线法，乌豆换人眼睛，虚空刮出骨髓，是这老汉处心狠逾虎狼。

大清雍正皇帝向天寿山头，点出人天正眼。虽然遂顾左右云：还有觑见先师眉毛长短么？千山涌出千峰秀，万古尖新万古真。[1]

读了以上文字，也许就能明白了：雍正突然改变对迦陵的看法，不是没有原因的。纵观迦陵与雍正的际遇交往，后者虽然结局不佳，但基本上还算幸运。自古伴君如伴虎，试看历代与帝王有过亲密过从的人，有几人能金紫缠身到老，生死哀荣一世？不落得身首异处、破家灭族而能全身而退、终老林泉就是幸运了。从这个角度看，这位禅僧结局还不算十分悲惨。“匹夫无罪，怀璧其罪”，迦陵的最终被放逐和猝死庐山，也许正应了这句古语。

雍正十一年（1733），帝令刊刻佛教经典（即后人所称的清《龙藏》），该经藏以明代《北藏》为蓝本，复增入晚明及清初一些高僧的语录及外典，迦陵编著

[1] 参见[清]释际宽等编《佛泉安禅师语录》卷五第一至二页，木刻书板藏于北京大觉寺。

的一些佛家内、外典籍，此前便已辑入经藏，但到了雍正十二年，沛天上人奉敕组织了四十多名僧侣，校勘经藏，从中撤出去了部分内容，迦陵的《宗鉴语要》等著作，便于此时被删弃。

雍正十一年（1733）九月，雍正在其《御选语录》一书后序中，再次对迦陵大加贬斥，说他心行不正，污辱祖庭，所编《宗统一丝》“尤为乖谬”，斥其“性音昏愦卑鄙至于此极也”，敕谕严管其徒，销毁其所撰之书。

朕阅《指月录》《正法眼藏》《禅宗正脉》《教外别传》诸书，所选古德机缘语句，皆错杂不伦；至于迦陵音所选《宗统一丝》者，尤为乖谬。古人语句，专为开人迷云；后人选辑，专为垂诸久远。今乃挨门逐户拾取剩遗，或珠或玑，或金或鍮，或丝或布，或柴或草，或瓦或砾，或垢或腻，一家强收一物入笼中，更自夸曰秉公，何庸愚之甚也！但图人人有分，个个不遗，纷纭杂陈，撩乱错出，蝌蚪与神龙并游，野狐与狮子齐吼，饱参者尚或一时目迷，况初学之人，岂不观之而愈惑，求之而愈远？其为毒害，奚可胜言？此选朕近日方见，未料性音昏愦卑鄙至于此极也。至于取本朝开堂说法之衲僧平生所有乱统，各个人编一则，错杂不堪，谓之宗统一丝，直接西天四七，东土二三，真令人笑之齿冷。若然，则禅宗之统，实危如一丝也。其意不过取媚同门参学之徒，俾感其选录伊祖父言句入集，以为荣华。此何异世间浇薄士子，彼此标榜选刻文字，自称名士乎？噫！可为宗风太息流涕者矣。

如朕于涌泉欣、天衣怀、韶国师等古德语句，宝之如摩尼夜光，赤刀大贝，而诸书所载极少，遍求不可复得。盖瞿汝稷辈，自然皆是性音心行，既杂取下等语句，又畏繁多，自然将真正师范至言转播弃之而不惜，历年既久，渐以无传，良可叹惋。因念从上古德不肯以佛法当人情，一任香火歇绝，不妄付拂者，其与盲传盲受，只图支派蕃衍之人，高下相去，天地悬隔。”[1]

雍正皇帝对性音这种喜怒不定、反复无常的态度，后人多有微词。如民国间胡改庵在《补刻宗鉴法林序》中，便大不然其后来对迦陵的做法，斥其《御选语录后序》是“挟帝王之威”“俨然如市妇骂街”。实际上，据僧实綍所撰迦陵行实，性音“悟证真实，知见高卓”，“生平不喜为酬应笔墨，惟笔削禅书，裨益后

[1] 参见[清]雍正编著，史原明主编，《雍正御制佛教大典　御选语录》下，中国社会科学出版社2004年版，第1223页。

学”。迦陵禅师可谓是参悟有得、著述丰富的一位学僧，并不像雍正皇帝所贬斥的那样一文不值。倘若真如此，那雍正与迦陵之间近二十年的亲近交往岂不是全都错了？[1]

[1] 参见孙荣芬《迦陵禅师与雍正皇帝》，《北京文博》2005年第3期，总第41期。

第十一章　雍正皇帝和迦陵禅师与清代大藏经[1]

一、雍正皇帝与清代大藏经

清代的大藏经，全称为《乾隆版大藏经》，又名《清藏》或《龙藏》，是清代唯一的官刻汉文大藏经，清世宗雍正十一年（1733）在北京贤良寺设立藏经馆，十三年（1735）正式开雕，至清高宗乾隆三年（1738）完成。今国家图书馆藏民国间抄本《清刻释藏略史》中记载了《清藏经板编刊之缘起》：

清雍正帝素耽禅悦、深入教海，万机之暇游泳梵刹，觉明藏未经精校，讹谬颇多，遂命兼通宗教之大德居士等一百三十余人，在京师贤良寺晓夜校阅，鸠工重刊，命和硕庄亲王允禄及和硕和亲王弘昼总理藏经馆事务。自雍正十一年开馆编刊，至乾隆三年工竣，历经多载，成兹钜制，校对精良，版本古朴，洵称希世之法宝也。[2]

雍正重修《大藏经》的目的，尽管他自己说是“（《北藏》）未经精校，讹谬颇多”，但是学术界认为，雍正修藏更重要的是出于政治目的。自清军入关以来，一批具有反清思想的人士，为了“既不做降臣，也不当顺民”，于是出家做了和尚。不少僧人便借以禅宗语录的形式以发泄其对清朝廷的不满，这些语录便加进《嘉兴藏》的《续藏》和《再续藏》中传播。雍正看到了这方面问题，亲自撰写了《拣魔辨异录》和《御选语录》，对明末以来法藏、弘忍一系的禅宗教派的思想进行批判，对已经入藏的《五宗原》《五宗救》等经典进行撤换，销毁经板并谕令教徒不得私自收藏，同时，还提出他的入藏经典的收录标准。

[1] 此章参考孙荣芬、张蕴芬、宣立品《大觉禅寺》第十一章，北京出版社2006年版，第171—176页。

[2] 参见《清刻释藏略史》之《清藏经板编刊之缘起》手抄本，藏于国家图书馆。

《龙藏》分正藏、续藏两部分，总共七百二十四函，七千二百四卷，收录佛典一千六百七十五部。正藏部分按照《龙藏》的结构，共四百八十五函，续藏共二百三十九函。千字文函号自“天”至“机”，所用经板共七万九千零三十六块。藏经编辑好以后，又陆续三次撤毁入藏经典。《龙藏》的版式与明《北藏》相同，每版折为五个半叶，半叶五行，行十七字，楷书手写上板。《清刻释藏略史》对此也有详细记载，整理了《清藏经板之种类及详细数目》：

（甲）原刻板数

种类　一千六百七十种

函数　七百二十四函

以千字文编制号数目自天字起至

机字止每字为一函每函十卷

卷数　七千二百四十卷

经文板　七万八千六百一十五片

序文板　七片

目录板　五十一片

经签板　三百六十三片

以上原刻板统计七万九千零三十六片

（乙）撤出板数撤出原因无明文记载未便以口传之词列入

俊字函五卷　计板六十三片

开元释教录略

於字函六卷　计板五十六片

办伪录

务字函一卷　计板十三片

明仁孝皇后梦感佛说

第一希有大功德经

亩字函一卷　计板六片

永乐御制序中赞文

等字六函六十卷　计板六百六十片

钱谦益注楞严蒙钞

以上撤出经五种七十三卷计板七百九十八片

（丙）现存详数

种类　一千六百六十五种

函数　七百一十八函

内有九卷者二函五卷者一函四卷者一函

余者皆十函外有目录五卷另一函

卷数　七千一百六十七卷

经文板　七万七千八百一十七片

序文板　七片

目录板　五十一片

经签板　三百六十三片

以上实存经板统计七万八千二百三十八片[1]

由于乾隆年间曾出现过三次撤经毁板，故至今保存完整的《龙藏》已寥寥无几。据《高宗纯皇帝实录》载，第一次在乾隆三十年（1765），乾隆以钱谦益“大节有亏，实不足齿于人”为由，下令撤毁钱氏所注《楞严经疏解蒙抄》，毁板六百六十六块。第二次在乾隆三十四年（1769），乾隆以明永乐“犯顺称兵，阴谋篡夺”为由，下诏撤毁《永乐赞制序撰文》等永乐撰著四种，毁板一百二十八块。第三次是在乾隆四十一年（1776），撤毁武则天所撰的《华严经》序文，板片数目不详。《清藏经板之种类及详细数目》中记载的内容如“种类一千六百七十种”与“收录佛典一千六百七五部”略有出入，其他记叙内容与目前所见一些论著也多少有些差异，概为参考资料不同所致，但为何出现这样的差异现象也颇值得探讨。

《龙藏》完工后曾刷印一百部，分赐全国各大寺院。后来直到1935年，又刷印了二十二部。此外还有少量刷印，但累计总印数不超过一百五十部，故传世较稀，多人所贵。据《清刻释藏略史》中《清藏经中国各省名山大刹自备工料颁请藏经记略》中记载：

夫以鹫峰玄文乃禅门之宝筏鹿苑秘笈为缁流之南针，佛说无人相，无我相，道在普度群生，释典亦心学，亦哲学，理可比类诸子。清制颁给龙藏经典例由内务府先期敬备，逮至咸同以降内帑不充，改令僧人自备工料请印，兹将自光绪初

[1] 参见《清刻释藏略史》之《清藏经板之种类及详细数目》，手抄本，藏于国家图书馆。

年直至现在所有各省请印者省名寺名开列之后，以便稽考云尔。[1]

令人遗憾的是，在《清藏经中国各省名山大刹自备工料颁请藏经记略》中所提“兹将自光绪初年直至现在所有各省请印者省名寺名开列之后”并未在文后查到相关记载，所以“所有各省请印者省名寺名”就无从知晓了。

《龙藏》原藏在故宫武英殿，后移至柏林寺收藏保管，《清刻释藏略史》中《清藏经板保管之变迁》有详细记载：

清制钦赐龙藏为表扬僧寺之不世荣典。原经板储存于武英殿由内务府保管，不轻印刷，后经拈花寺方丈达天和尚掌僧录司正印时，以印刷不便奏请移储于柏林寺，仍由内务府监管，僧录司及柏林寺住持共负保管之责。咸同以来国家多故，内帑不充，准许僧寺自备工料奏请刷印，嗣以内务府及僧录司疏于监视，板片凌乱、卷帙淆误。于光绪初年经柏林寺方丈昆峰和尚募集捐款，购木作架挨次清理，历时三载，始整理就绪。民国以来僧录司废改，由内务部督同柏林寺住持负责保管，复以未□规则无凭遵守，每遇印经时悉凭承印之商人随便乱放，以致板片次序复多错乱。民国九年，经劝办实业专使叶公恭绰条陈振兴文化，案内声请整理，由内务部拨款，将木架重加修葺，签编号数，并经部□颁给规则八条、印刷规则十二条、保管规则八条，呈请大总统公布施行。由是始有恒规希世法宝永镇禅林，此在柏林寺保管经过之大概也。[2]

该板片略有残损，基本完好，是我国历代木刻藏经中唯一尚存之板片。关于中国藏经刊刻发展的历史以及《龙藏》经板保存的状况，在《清刻释藏略史》之《北京柏林寺存储清藏经板纪要》中也有相关记述：

粤稽中国之有释藏经板，始自宋开宝四年开刊之藏板，迨后神宗元丰三年雕刻福州东禅寺板，徽宗政和二年开雕福州开元藏板，高宗绍兴二年雕刻思溪板，理宗嘉熙二年开雕碛砂板，元武宗朝开雕杭州板，明洪武五年雕刻南藏，永乐十八年开雕北藏，万历十七年雕刻嘉兴藏书本板，清雍正十三年开雕龙藏板，宣统三年上海哈同花园活印频伽藏，民国十二年上海商务印书馆影印日本续藏，统计宋元明清四朝至今，共有大藏经板十二分，现在卷帙完整者已属无多，其中枣

[1] 参见《清刻释藏略史》之《清藏经中国各省名山大刹自备工料颁请藏经记略》，手抄本，藏于国家图书馆。

[2] 参见《清刻释藏略史》之《清藏经板保管之变迁》，手抄本，藏于国家图书馆。

梨无恙可供批阅研索者，惟柏林寺所存之清藏经板尚完好如初，第以年淹代远，其间之变迁更易，公家既无档案可稽，又无传记可考，实为一大憾事，兹将各方咨询略述颠末，能否据为信史尚不敢必，尤望后之阅者谅之教之是幸。[1]

新中国成立后，柏林寺及龙藏经板由北京图书馆[2]接管，“文革”期间，该馆将其迁出放于寺外临时搭建的大棚之内。该板被一层摞一层垛放，高达三四米，编号全被打乱。从1966年至1982年十六年间，因大棚漏水、积水，经板被浸泡、重压、虫蛀等损害。为了抢救这批珍贵文物，1982年7月北京市文物局接管了这套经板，将其移入智化寺存放。经板系选用上好的梨木雕造，刀法洗练，字体浑厚端秀，由于印刷量极少，因此经板至今字口锋棱俱在，完整如新。1988年《龙藏》经板移出智化寺并付梓，后移至房山石经山云居寺收藏保存。

二、大觉寺寺存迦陵禅师经板与清代大藏经

清初风气，凡是开堂说法的宗师，示寂后常由门人辑录其机缘法语付梓成书传世。大觉寺藏木刻经板共九种，其中以著述甚丰的迦陵禅师所编撰的《宗鉴法林》《杂毒海》《是名正句》《宗鉴语要》《宗鉴指要》等佛教内、外典籍为主。迦陵禅师法徒佛泉及法孙月天两位禅师所著的《佛泉安禅师语录》《佛泉安禅师后录》《月天宽禅师语录》，也是了解迦陵禅师和雍正皇帝关系的重要资料。而对迦陵禅师和雍正皇帝关系的分析，也是研究大觉寺藏经板与清代《龙藏》关系的重要线索。

雍正于早年便有刊刻清版大藏经之志，虽然《龙藏》正式于雍正十一年（1733）开馆编刊，但其经藏收集工作却开始较早。在雍正四年（1726）十二月对内阁上谕中，便可看到关于收录迦陵禅师语录入经藏的记载：

朕在藩邸时，批阅经史之余，每观释氏内典，实契性宗之旨，因时与禅僧相接。惟性音深悟圆通，能阐微妙，其人品见地，超越诸僧之上。……今闻其圆寂，朕心深为轸恤，著照玉林加恩之例，追赠国师，并赐其谥号，交内阁撰拟。其语录乃近代僧人所罕能者，著入经藏，以彰其真修翼善之功。

初看雍正这番上谕，可以看到其间满溢着君臣之义和念旧之情，并表明雍正

[1] 参见《清刻释藏略史》之《北京柏林寺存储清藏经板纪要》，手抄本，藏于国家图书馆。

[2] 北京图书馆，即今国家图书馆。——编者注

自己处处以大局为重，在处理政、教的关系上弃取割舍均出之于理，一切都是光明正大之辞。

然而，雍正八年（1730）前后，雍正帝便对其态度突然发生了绝大的变化，赞誉有加、恩礼备至全无，只道“朕从前失于检点，亦性音辜负朕恩处，著削去所赐封号，其语录入藏者亦著撤出”[1]。

结合迦陵晚年的实际处境，再细细品味雍正四年（1726）十二月对内阁的上谕，则会感到，这番上谕用心良苦，不过是借此“说事”，借题发挥，多有言外之意、弦外之音，掩盖天下人的耳目才是其本意。

雍正帝竟不惜否定自己以前的“圣谕”而对迦陵大加贬斥，前后态度的巨大变化着实让人震惊。依据寺藏迦陵画像赞语推测，迦陵对康熙与雍正的“父子冤仇”知之甚深而遭雍正帝遗恨。除此以外，更让雍正揪心不已的则是迦陵及其弟子语录的流传于世。迦陵所著语录中有许多记录雍亲王与僧衲交往的内容，如《宗鉴语要》和《宗鉴指要》中这类记述俯拾即是，雍正绝不能容忍其流传于世，迦陵的弟子们在迦陵禅师圆寂后，因悲愤之情不能自已而写下了不少怀念先师、讽喻世情的文字，因此招致雍正皇帝第二次更为严厉的惩处。

如今，这些经板印刷流传于世的仅有《宗鉴法林》《杂毒海》《是名正句》，因其为佛教经典的集成，而非佛学思想、禅师语录内容，所以才有可能在世间流传，虽数量不多，但我们尚能寻到其流传的痕迹。而其他几类如《宗鉴语要》《宗鉴指要》的经板，今天就真的很难寻觅了，几乎可以这样说，它们已成为古籍孤品。这些经板对于研究其与清代大藏经——《龙藏》的关系、佛学理论和佛教宗派背景、编校刊印流传过程与清初政教背景、宗鉴堂编经与雍正崇佛的关系等多方面研究具有重要的史料价值。通过下一步对经板的细致研究，有望更为深入地了解清初大藏经编写的政治背景和历史背景，解决《龙藏》编印刊刻中的一些历史疑团，补充清代大藏经中的一些有价值的内典和外籍，从而推进古老的中国佛学研究，填补北京地区近代佛学研究的某些空白，探讨清代临济宗在中国北方的兴衰过程。

---

[1] 参见南炳文、白新良主编《清史纪事本末》第4卷《雍正朝·雍正帝谈禅论佛》，上海大学出版社2006年，第1339页。

第十二章 法脉相续——乾隆十二年重修大觉寺

综上分析，雍正皇帝之所以在迦陵示寂多年后突然翻脸，其中是有一定缘由的。

根据史料研究推断，雍正十一年（1733）朝廷刊刻大藏经时，发现迦陵禅师的语录经典内有多处有违雍正心意之语，譬如其间记述了很多雍正尚在藩邸时与迦陵和尚参禅悟道或密谈机要之事，这些实为他们之间帷幄之内的探讨，不足为外人道也。而恰恰是这样的内容，被迦陵记录下来，经迦陵的嗣法后人编辑整理，辑入经藏，而雍正皇帝自己还尚不知情："此选朕近日方见，未料性音昏愦卑鄙至于此极也……"激愤之情，从上面的叙述中足以窥见。正是于此时，迦陵禅师的著作全部被从经藏中撤了出来。

乾隆十二年（1747），乾隆帝秉承其父雍正皇帝之志，出内帑重修了西山大觉寺，并于当年十一月撰写了《御制重修大觉寺碑》。乾隆帝在碑文中赞誉其父皇佛学修养精湛，并追述了雍正当年对迦陵性音的倚重，间接地表明了自己对禅宗的态度及对迦陵的肯定。乾隆在碑文中说：

……我皇考福慧两足，镜智圆明，自潜邸时，深究宗乘，证悟无上了义。御极抚辰，海内清和咸理，乃于机暇选序古德语录，开示津梁。仰惟大慈悲父广种善根，凡梵宇琳宫曾施功德，皆不啻如来身坐道场，而历劫四众，并应庄严拥护瞻礼发心者也。朕因诣龙潭，近望西峰兰若。大觉寺者，金清水院故址，明以灵泉寺更名。运谢诣禅安，蔚为古刹。康熙庚子之岁，皇上考僧性音参学有得，俾往住持丈室，御制碑文以宠之，及圆寂归宗，复命其徒建塔于此。[1]

[1] 参见清乾隆皇帝撰《御制重修大觉寺碑文》，碑存北京大觉寺。

此后，乾隆帝在位期间，曾多次巡幸大觉寺，驻跸于寺内，题写匾额，御撰诗词。由于雍、乾两代皇帝的眷顾，所以这座位于京师远郊的古老禅寺，在有清一代，名闻遐迩，香火鼎盛。而一生遭逢复杂的迦陵，也一直作为大觉寺“开法第一代先师”被其徒子法孙们“奉重”了近三百年。

说到乾隆十二年（1747）大觉寺历史上这次重要的修缮，不得不提到当时住持大觉寺寺庙事务的方丈月天宽禅师。月天禅师乃佛泉禅师之徒子、迦陵禅师之徒孙，传临济正宗第三十六世嗣法传人。

月天禅师是清代著名僧人，他法名际宽，号月天，河北遵化玉田县人，生于清康熙四十二年（1703）十一月，卒于清乾隆十七年（1752）三月九日。他幼年聪慧，性善好施，二十岁出家。清雍正十二年（1734），至京西大觉寺参礼佛泉禅师，因其深明大法而得继佛泉禅师衣钵。清乾隆九年（1744），佛泉示寂，月天禅师奉庄亲王命继任大觉寺方丈。

月天禅师任大觉方丈共有九年，“开堂演法之日，四方衲子云臻座下，千指环绕”。月天因其“住持得体，真心实行”而远近闻名。乾隆十二年（1747）即月天任大觉寺方丈的第三个年头，当朝皇帝出内帑重修西山大觉寺：“幸蒙今上恩被山林，重新香界，佛殿僧堂焕乎金碧。斯之际遇，千载斯逢，若非夙有胜缘，何乃天龙释梵之宫一朝顿现如斯乎。”月天禅师在工程告竣之后结制谢恩，上堂拈香。《月天宽禅师语录》中有一节详细记载了重修寺庙之事：“纶音一出，直下承当，彻底掀翻，重新梵宇，山门、佛殿、厨库、僧堂、露柱、灯笼无一不新者也。苟非帝力，孰以为之。”月天禅师在任期间，值遇皇恩重修大觉寺，堪比稀世之奇逢。此后数年，月天以弘扬佛法为己任，力振宗风，欲以此来“报皇恩浩荡”。

寺藏《月天宽禅师语录》中附有其《行状》，从中我们可以更多地了解月天禅师的生平。

师讳宽，号月天，系遵化玉田县孙氏子。母张氏，生于康熙癸未十一月二十四日戌时，童年颖异不凡。二亲强之娶，生二子。性好施，每怀出世之心，年二十九，辛亥依出头山净和尚雉染，次年诣盘山和尚授具戒，至甲寅往京西参大觉师翁一载，深明大法，师翁以从上法印并源流衣拂付之，有掀翻窠臼法眼流传之句，戊午调叔祖奉上命主万寿，师以深心力辅之，后因正师翁主江西归宗，遵师翁命代理兴善方丈，居座元寮三载，至甲子春，归省大觉，遂留山中，辅之一载，至甲子冬，师翁谢世，庄亲王命继主大觉方丈，未逾一载，遐迩称其真心实行，住持得体，值遇皇恩重修大觉，此亦希世之奇逢，至辛未春，又荷命兼理印务，非师所尚，唯以佛法为己任，结制打七，单提向上，力振宗风，到乾隆十七年壬申三月九日示微疾，就医于灵鹫庵，师觉病体沉重，急命归山告众，跏趺坐化，蒙发帑金，津送入塔。师住大觉九载，谨守祖风，实心为道，可谓无愧于龙天者也，有语录二卷，嗣法弟子共七人。[1]

《月天宽禅师语录》前附有释实瑄撰写的序文，序文中称迦陵为迦伯，称佛泉为佛兄，称月天为月侄，依此排序分析，实瑄乃月天的法叔，他在序文中对月天的评价甚高：

今庚午初夏，余诣山中信宿丈室，展阅数年来提唱语要。能继迦伯之嘉声，佛兄之法印而吾月侄和尚，可谓滴水兴波，狂澜砥柱，则大觉海中前波后浪，沃日涛天。总发源于涧南一滴，滹沱一派，诚千江普会万派朝宗之妙唱者也。古德云：非父不生其子。是非吾迦伯佛兄门庭光大，堂奥幽玄，又安得如是后贤之振耀乎？正脉流通端有赖矣。”[2]

大觉寺藏《月天宽禅师语录》书板十九块，其版式、规格一如《佛泉安禅师语录》。此书分上、下两卷，今散佚过甚，缺失十六块，卷内有“嗣法弟子了睿等同诸昆仲敬述”字样。

目前，尚未发现《月天宽禅师语录》有印本传世，所以，今大觉寺所存这套书板，亦应视为仅存的孤本。遗憾的是，书板在流传过程中散佚过甚，今已难窥全豹了。

---

[1] 参见[清]释了睿等编《月天宽禅师语录》卷下，第二十一页，木刻书板藏于北京大觉寺。

[2] 参见[清]释实瑄撰《月天宽禅师语录》序，木刻书板藏于北京大觉寺。

第十三章 迦陵禅师舍利塔考

关于迦陵禅师，后世争议颇多的还有其舍利塔所在位置的存疑问题。

北京西山大觉寺内，有一处藏传式佛教建筑——覆钵式白塔，矗立于寺庙中轴线的最高点，塔旁有一松一柏将其环抱，这一景观被人形象地称为“松柏抱塔”。然而，对于此塔的来历，知其然而又知其所以然者甚少，以讹传讹者甚多。此塔多被后人认定为清代雍正初年大觉寺著名禅师迦陵和尚的舍利塔而广为传颂。迦陵和尚曾任杭州理安寺、北京柏林寺、江西归宗寺和北京大觉寺等多处寺庙住持。[1]因大觉寺是迦陵禅师最后住持的一所寺院，所以后人多认为大觉寺内白塔就是迦陵的舍利塔，不过，也有不少学者对此说法有不同意见。那么这座塔到底是不是迦陵禅师的舍利塔呢？如果不是，这座塔是一座什么样的塔，为何被后人所一再误传？那么迦陵禅师的舍利塔又在哪里呢？带着这样的疑问，下面来翻看一下史料中比较有代表性意见的相关记载。

一、大觉寺白塔是否为迦陵禅师舍利塔

（一）史料中关于大觉寺白塔的相关记载

大觉寺藏清代乾隆十二年（1747）《御制重修大觉寺碑》记载：“大觉寺者，金清水院故址，明以灵泉寺更名。运谢禅安，蔚为古刹。康熙庚子之岁，皇考以僧性音参学有得，俾往住持丈室，御制碑文以宠之。及圆寂归宗，复命其徒建塔于此。”[2]《钦定日下旧闻考》记载：“原黑龙潭北十五里曰大觉寺，宣德三年建……

[1] 参见[明]释德清纂，[清]周宗建订补《庐山归宗寺志》，江苏广陵古籍刻印社1996年版，第87—93页。

[2] 参见[清]高宗弘历撰文，庄有恭正书《御制重修大觉寺碑》，刻于清代乾隆十二年，碑石立于大觉寺南碑亭内。

又寺内龙王堂辽碑一，僧志延撰，咸雍四年立。寺旁有僧性音塔。”[1]《光绪顺天府志》记载：“大觉寺，即辽清水院故址也，在黑龙潭北十五里……”[2]《鸿雪因缘图记》记载:“大觉寺在妙峰山麓……康熙五十九年，世宗在潜邸时，特加修葺，命僧性音住持。乾隆十二年，高宗重修……右置精舍曰憩云轩，前为七堂，左设香积厨，坛后有塔，塔后有塘，塘后有楼……”[3]通观以上清代史料，都可以看到迦陵塔与大觉寺之间似乎存有某种关系，但是“复命其徒建塔于此”的“此”就是指大觉寺内吗？“寺旁有僧性音塔”这一个“旁”字又是什么意思呢？这些史料似乎都没有明确大觉寺内白塔就是迦陵塔的意思。

民国时期《西郊游记》记载：“最后一层在半山中，有一座塔叫藏经塔，塔后有一个泉……”[4]《旧都文物略》记载：“寺在西直门外西北六十里……最后山顶有舍利塔一座，为乾隆时造塔。”[5]《燕都名山游记》记载：“再西北行八里，到妙峰山麓有大觉寺……大悲坛的后面，有座藏经塔，长松环绕，势甚挺秀。”[6]《北京旅行指南》记载：“寺建于山腰，别院有四宜堂、憩云轩、领要亭诸胜，寺后山顶建有舍利塔一座。”[7]这样看来，民国时期的史料，也没有确指大觉寺塔即迦陵舍利塔一事。

直至1953年7月25日，罗哲文先生在《北京日报》发表了一篇《大觉寺》文章以后，关于这座塔才听到与以往不同的说法：“舍利塔在后院正中，是清代乾隆年间所造的。塔旁有一棵巨松，仿佛给塔打了一把伞，这座舍利塔是一个和尚的墓。塔的形状和北海白塔差不多，下部是八角形的‘须弥座’，中部是圆形的塔肚，上部是细长的‘相轮’，顶上装有‘宝盖’。”[8]这篇文章虽然没有明确这个白塔就是迦陵和尚的舍利塔，但是它却至少明确了两个重要的问题：第一，这个塔建于清代乾隆年间；第二，这个塔是一个和尚的墓塔，这两个问题就足以

[1] 参见[清]于敏中等《钦定日下旧闻考》(第六册)，卷一百六《郊坰》，北京古籍出版社1983年版，第1764页。

[2] 参见[清]周家楣等编纂《光绪顺天府志》(第二册)，北京古籍出版社1987年版，第568—569页。

[3] 参见[清]麟庆著文，汪春泉等绘图《鸿雪因缘图记》之《大觉卧游》篇，北京古籍出版社1984年版。

[4] 参见陈诜撰《西郊游记》之《从温泉到大觉寺》篇，民国二十三年版，第21页。

[5] 参见北平市政府秘书处编《旧都文物略》之《大觉寺》篇，北平市政府秘书处，民国二十四年版，第24页。

[6] 参见李慎言撰《燕都名山游记》之《大觉寺》篇，北京燕都学社民国二十五年版，第123页。

[7] 参见马芷庠撰《北京旅行指南》之《大觉寺》篇，北京新华书局民国三十年版，第218页。

[8] 参见罗哲文撰《大觉寺》，《北京日报》1953年7月25日。

使后人将迦陵和尚与这座白塔联系在一起。1980年12月14日，《北京日报》上又发表了署名为孙秉友先生的《游大觉寺》，该作者在罗哲文先生的基础上有所发挥："拾级而上，是一座白塔。据说，这是大觉寺住持迦陵的舍利塔。迦陵原是大觉寺的烧火和尚，有一年，乾隆皇帝在大觉寺剃度受戒，坐禅时打盹做梦笑出了声，迦陵和尚操起戒尺便打，乾隆皇帝不得不承认'门阙少缘分，凡尘属寡人'，悄悄地回宫了，人们都为迦陵和尚担惊受怕。后来，乾隆皇帝特意派贴身太监来看望迦陵和尚，迦陵就成了大觉寺的住持。"[1]这篇文章里，作者尚使用了"据说"二字，那么随后的文章，如1981年《旅游参考》："同时在大悲坛的后边，为寺内已故的住持迦陵和尚建筑了一座秀丽玲珑的舍利塔，形状和北海的白塔相似。"[2]又如1982年《旅游》："泉旁有一座秀丽玲珑的八角砖雕舍利塔，当年是专为已故的寺内住持迦陵和尚而建的。"[3]这些文章都明确了此塔即迦陵禅师舍利塔的说法。至于以后的文章，大多因袭此说，于是，大觉寺白塔也就"确确实实"地成为了迦陵和尚舍利塔。

（二）考证史料所得结论——大觉寺白塔不是迦陵禅师舍利塔

综上史料，我们可以明确以下几个问题：

第一，清代至民国时期，未见大觉寺白塔即迦陵舍利塔的明确说法。

第二，大觉寺白塔为迦陵和尚舍利塔的说法始于新中国成立以后，即1953年罗哲文在《北京日报》上称大觉寺白塔是清代乾隆年间建造的一座和尚墓塔；1980年孙秉友在《北京日报》继称据说此白塔就是大觉寺住持迦陵的舍利塔；1981年以后便开始出现"大觉寺白塔是为寺内已故住持迦陵和尚所建"的"确切"说法。

通过以上史料考证，我们可以明确"大觉寺塔即迦陵和尚舍利塔"的说法为以讹传讹，是没有历史根基的。由乾隆十二年（1747）《御制重修大觉寺碑》"皇考以僧性音参学有得俾往住持丈室，御制碑文以宠之。及圆寂归宗，复命其徒建塔于此。慈恩眷顾，圣迹攸昭……"[4]可知，为僧迦陵性音建塔是在"乾隆皇考"

[1] 参见孙秉友撰《游大觉寺》，《北京日报》1980年12月14日。

[2] 参见《旅游参考》之《大觉寺》篇，1981年第78期。

[3] 参见安仲皇撰《狮子滚绣球 一佛二菩萨——记大觉寺》篇，《旅游》1982年第4期。

[4] 参见[清]高宗弘历撰文，庄有恭正书《御制重修大觉寺碑》，刻于清代乾隆十二年，碑石立于大觉寺南碑亭内。

时期，即雍正年间，所以，罗哲文先生认为此塔为乾隆年间所造的判断是错误的。而孙秉友先生那个关于乾隆皇帝挨烧火僧迦陵痛打的传说更是子虚乌有，迦陵于康熙五十九年（1720）被雍亲王胤禛力荐至大觉寺任住持，雍正元年（1723）即离开大觉寺“飘然南游”，雍正四年（1726）圆寂于江西庐山。迦陵既没有在大觉寺当过“烧火僧”，更不可能在1726年圆寂后再度被乾隆皇帝由“烧火僧”提拔为住持。既然这种“据说”不能成立，那么之后的确指就更没有根基了。

二、大觉寺白塔到底是一座什么样的塔

塔为典型的藏传覆钵式白塔，砖石结构，分为地宫、塔基、塔身、塔刹四部分。塔高约十五米，下有八角须弥座，中部是圆形塔肚，上方是细长的相轮，顶上饰有宝盖。塔基高五十厘米，呈四方形。塔座为八角形，正面朝东，上枋和下枋雕刻仰俯莲花，四周由祥龙、葵花、牡丹、莲花、西番莲等图案砖雕构成。塔身呈覆钵式，上宽下窄，正面有焰光式塔门，塔身上面的相轮共有十三层。最上面是华盖，金属华盖上雕刻有一圈“佛”字，共十六个，华盖下还悬有风铃八个。整座白塔，造型优美，比例匀称。塔旁有松树柏树各一株，据古树专家估测，树木已有五六百年以上的树龄。古树的树龄、白塔的形制、塔身的纹饰，以及大觉寺殿堂内供奉的多尊具有明代早期藏传佛教特色的佛造像，似乎都在印证着这座白塔的身世。如今，已有很多专家推断这应是一座建于元代末期或明代早期的“佛塔”。所谓佛塔，是为珍藏佛家的舍利子和供奉佛像、佛经之用，而非某个僧人的真身舍利塔。另据大觉寺现藏清代道光八年（1828）文札记载，当时寺院住持真觉和尚向宛平县衙禀报大觉寺内各处建筑等渗漏、坍塌、损坏的情况，其中提到“佛塔一座，不齐。龙弹（潭）栏杆鼓闪，龙槁（堂）瓦片脱截……”[1]那时即把大觉寺白塔称为“佛塔”。至于该白塔确切的建塔年代，恐怕只能有待于找到更明确的文字史料，或等待将来对该塔进行考古发掘后再做出结论了。

三、迦陵禅师舍利塔到底在哪里

既然寺内的这座白塔不是迦陵和尚的舍利塔，那么他的舍利塔到底在哪里呢？经过多方考证之后，也很快得到了明确的答案，“复命其徒建塔于此”的“此”

[1]《西山大觉寺住持僧真觉呈告文书》，大觉寺藏，清道光八年版。

和“寺旁有僧性音塔”的“旁”实际是确有所指的。

据国家图书馆藏《性音和尚塔记》拓本记载：“性音和尚塔记，清雍正六年十月刻。石在北京海淀区大觉寺塔院，拓片碑身高五十六厘米，宽五十四厘米，额高十六厘米。正书‘圆通妙智大觉禅师传临济正宗三十四世迦陵音和尚塔’。”[1]大觉寺塔院，是大觉寺南约一点五公里处的一座寺庙附属建筑群，是清代大觉寺内僧人圆寂之后灵骨安葬之所。20世纪70年代塔院遭到破坏，目前遗址尚存。迦陵禅师的舍利塔应在此处。

另据国家图书馆藏民国十八年（1929）刊印的《宗鉴法林》由河南大学胡改庵教授撰写的序言中，提到为其亡夫人发愿补刻大觉寺寺藏《宗鉴法林》板的过程中，他曾到“寺右”徐各庄村性音塔处祭拜。[2]“寺右”者，今大觉寺之南也。由此可知，性音确葬于大觉寺外西南一点五公里的南塔院。

另外，大觉寺藏清代木刻经板，也可作为南塔院迦陵塔存在的旁证。《佛泉安禅师语录》卷五记载：“先老和尚讣至上供拈香云……两周年塔前上供举肃宗问忠国师‘百年后所需何物’？忠曰‘与老僧造个无缝塔’……三周年塔前上供……”[3]佛泉禅师是迦陵禅师的弟子，是继迦陵之后大觉寺第二任住持。雍正四年（1726）秋迦陵圆寂于庐山归宗寺，所以这里有“先老和尚讣至”的记载，两年后的雍正六年十月，奉皇命将迦陵灵骨迁至京西大觉寺，所以这里有“两周年塔前上供”以及后面的“三周年塔前上供”等记载。迦陵圆寂一周年之时，其灵塔尚不在大觉寺，所以这里看不到“一周年塔前上供”的记载，而只是从两周年在大觉寺建塔之后开始。《月天宽禅师语录》卷上记载：“师翁塔前上供拈香云……先师塔前上供拈香云……”[4]月天宽禅师是佛泉禅师的徒子、迦陵禅师的徒孙，是继佛泉之后大觉寺第三任住持。月天宽同时祭拜迦陵塔和佛泉塔，印证了他们的灵塔应在一处，即大觉寺塔院内。

然而迦陵禅师的舍利塔并不是想当然地建造于此的，其间还经历了一些曲折。据《庐山归宗寺志·迦陵国师传》记载：康熙五十九年应命入主大觉寺，雍

---

[1] 参见[清]《性音和尚塔记》拓本，现藏于国家图书馆。

[2] 参见[清]释性音编《宗鉴法林》序言，胡改庵撰写，民国十八年版。

[3] 参见[清]释际宽等编《佛泉安禅师语录》卷五，一至二页，板存大觉寺，清乾隆三年版。

[4] 参见[清]释了睿等编《月天宽禅师语录》卷上，第三页，板存大觉寺，清乾隆年间版。

正元年春，“谢院事，飘然南下，从此一瓢一笠，山栖水宿，居无定止。”[1] 雍正四年（1726）秋，“复还归宗之吹馀静室，九月二十二日示微疾，候安者皆作悲戚状，因举疏山造塔公案，逐段拈颂，内有‘此处埋老僧，不得羊肠鸟道”。自庚辛之语此，虽最后垂范，而实似预示迁塔京都西山之大觉也……二十九日酉时泊然而逝。”[2] 雍正六年（1728）十月，奉皇帝命将迦陵禅师遗骨迁至京西大觉寺，“真身既迁京都，门人实縡、法子大觉等与督修何懿复为师衣钵塔，以当胜迹”。[3] 由此可知，雍正四年迦陵禅师圆寂后曾被葬于江西庐山归宗寺，后奉雍正之命于雍正六年十月将其灵骨迁移至京西大觉寺，塔铭曰“国师圆通妙智大觉禅师传临济正宗三十四世迦陵音和尚塔”。在灵骨被迁之后，庐山归宗寺弟子们又为迦陵禅师建造衣钵塔以当胜迹，并于同年十二月，得到雍正皇帝褒赐的碑文，追赠迦陵音和尚为“圆通妙觉大智禅师”，[4] 并于迦陵衣钵塔旁立碑石以示恩宠绵延。《庐山归宗寺志》对此有专门记载：“国师塔在寺右里许，即古灵溪观地，塔惟衣钵，真身迁北京西山大觉寺矣，塔左有御碑亭。”[5] 所以，江西庐山归宗寺国师塔实为迦陵禅师衣钵塔，而迦陵禅师真身舍利塔应在北京西山大觉寺塔院内。

综上所述，大觉寺白塔实为一座佛塔，而非迦陵禅师舍利塔。迦陵禅师塔应有两座：一座在江西庐山归宗寺，是为衣钵塔；另一座在京西大觉寺南塔院，是为真身舍利塔。所以，通常所说的迦陵禅师舍利塔，实应为大觉寺南塔院内迦陵和尚塔。笔者在亲往踏查后发现，两座塔如今都已不存于世，虽遗址尚存，但终无法再亲瞻胜迹。好在流芳于世的《庐山归宗寺志》《理安寺志》《大觉寺藏清刻禅宗典籍八种》和大觉寺藏迦陵禅师画像等珍贵的史料为我们开启了一扇了解迦陵禅师的方便之门，使我们尚有机会得以在衣钵塔和舍利塔的遗址上哀思凭吊。在了解了史实后，就更不应该再将“大觉寺内白塔为迦陵禅师舍利塔”这个观点一再地误传下去了吧！

[1] 参见[明]释德清纂，[清]周宗建订补《庐山归宗寺志》，江苏广陵古籍刻印社1996年版，第87—93页。

[2] 参见[明]释德清纂，[清]周宗建订补《庐山归宗寺志》，江苏广陵古籍刻印社1996年版，第87—93页。

[3] 参见[明]释德清纂，[清]周宗建订补《庐山归宗寺志》，江苏广陵古籍刻印社1996年版，第87—93页。

[4] 参见[明]释德清纂，[清]周宗建订补《庐山归宗寺志》江苏广陵古籍刻印社1996年版，第87—93页。

[5] 参见[明]释德清纂，[清]周宗建订补《庐山归宗寺志》，江苏广陵古籍刻印社1996年版，第29页。

结 语

清代的雍正皇帝，一直是史学界研究的一个热点人物。虽然贵为天子，但仍在一定程度上亲近佛教，又在亲近中保持了相当的清醒。迦陵禅师就是雍正皇帝在参禅过程中所遇到的一位禅师，且两人相遇的时间又恰为雍正即位前十年比较关键微妙的历史时期。

迦陵禅师的一生，是毁誉有加的一生，其升沉荣辱，都与结识并深交于帝王雍正有着密切的关联。有人说：作为一个和尚，迦陵应清心寡欲而不应涉政或干政，否则，也许不会落得“一瓢一笠、山栖水宿、居无定止、微疾而终”的下场；也有人说：迦陵和尚无非是想借帝王之势来弘扬禅宗之大法，初衷本无错，却不知伴君如伴虎的道理适用于帝王身边的每一个人，即使你只是个僧人，也逃不开这一规则。

不管怎么说，历史只是历史，并无差异，只是观史的人不同罢了。不同的视角，不同的解读，品出来的就是不同的味道。

雍正帝尚在藩邸时赐给迦陵即将住持理安寺一副对联：

作佛念经，纵然自在还为妄；
度生心切，须信慈悲也是贪。

这副对联，或许可以作为迦陵和尚与雍正皇帝际遇的一个总结。其实无所谓对错，不过是因缘和合而已。

遍观当前学术界，不乏对雍正皇帝崇佛用佛的研究，但相对比较笼统，本课题选择了雍正皇帝与迦陵禅师之间的关系作为研究重点，既为迦陵曾经住持过的大觉寺增添了一项学术研究成果，也为清史研究增添了一项雍正与佛教间关系的个案研究，对推动大觉寺的文化发展和深入解读雍正皇帝具有重要的促进意义。

本书在研究方向上涉及面较广，却又博中有专。由清宫廷史、佛教史衍生至康雍乾三代政治与佛教、禅宗宗派传承等脉络，由面化线，由线化点。又通过迦陵禅师和大觉寺这一独特的历史视角，以点成线，以线成面，为读者揭示了清世宗雍正皇帝鲜为人知的历史际遇。通过论述，对于雍正皇帝与佛教的关系、大觉寺藏《宗鉴法林》《宗鉴语要》《宗鉴指要》《集云百问》《杂毒海》等书板刊刻缘起及其存在的特殊意义给予了考证，对迦陵禅师舍利塔的迁移及位置给予了确指。此外，还有一些存疑之处，如大觉寺藏《宗鉴法林》的确切版本是为北本，还是南本，尚有待今后的进一步考证。

附 录

一、迦陵禅师生前和身后大事记

1. 1671年（康熙十年）九月二十日，迦陵禅师出生于沈阳望族 之家，父姓李，母许氏。讳性音，号迦陵，别号吹馀。
2. 1694年（康熙三十三年）时已二十四岁的迦陵来到河北高阳毗卢寺剃发出家，真一和尚为其剃发，受具戒。
3. 约1695—1706年（康熙三十四年至四十五年）迦陵辞别真一禅师而南游参学，至杭州之理安禅寺拜谒梦庵老人，超越常格，迦陵成为临济宗衣钵传人。未久，迦陵辞别梦庵老人而出山，道经六安州，爱雪峰山水之胜，颇有终志。
4. 1707年（康熙四十六年）梦庵禅师受诏至京师（今北京）柏林寺主方丈，并写书信召迦陵入京修觐，迦陵受恩师之召而来，时年三十七岁。
5. 1708年（康熙四十七年）夏，梦庵禅师圆寂，诸山耆旧请迦陵主席柏林寺方丈，乃遁之。后因西山缁素敦逼，乃在大千佛寺（今拈花寺）开堂演法。
6. 1708—1713年（康熙四十七年至五十二年）迦陵在大千佛寺开堂演法，前后六年。开法于大千佛寺时，迦陵年三十八岁。
7. 1712年（康熙五十一年）正月，雍王府举办法会，胤禛欲召高僧论道，迦陵受邀参加，迦陵时年四十二岁。
8. 1712—1714年（康熙五十一年至五十三年）迦陵受雍亲王之邀，编刻《宗鉴法林》，书板现存于今北京西山大觉寺。
9. 1713—1715年（康熙五十二年至五十四年）迦陵禅师任柏林寺方丈。出任时，迦陵时年四十三岁。
10. 1712—1713年（康熙五十一年至五十二年）杭州城闹饥荒，理安寺住持越鉴禅师入城化缘，示寂于万安桥侧，时年五十岁。当讣告传到京师时，迦陵已主柏林寺方丈。闻讯后，迦陵哭奠极为哀伤。恰于此时，雍亲王胤禛幸临柏林寺，便询问缘故。闻知此事后，感念理安寺为选佛胜场，胤禛便以为父皇康熙皇帝六十大寿祝寿之由兴愿重修理安寺。

11. 1713年（康熙五十二年）雍亲王胤禛编《集云百问》，书板后随迦陵禅师移至大觉寺保存。
12. 1714年（康熙五十三年）迦陵编辑完成《杂毒海》，并于是年六月作《迦陵禅师自序》，后该序收录于《理安寺志》内。迦陵时年四十四岁。
13. 1715年（康熙五十四年）冬，迦陵禅师在京师柏林寺讲法，时年四十五岁。
14. 1716—1718年（康熙五十五年至五十七年）迦陵禅师出任杭州理安寺住持，时年四十六岁。
15. 1719年（康熙五十八年）江西方伯兆麟许公以庐山归宗寺请为栖息之地，迦陵禅师欣然应之，迦陵时年四十九岁。
16. 1720年（康熙五十九年）秋，雍亲王力荐迦陵禅师任京西大觉寺住持，并亲撰《送迦陵禅师安大觉方丈碑记》，刊立石碑以示恩宠。迦陵成为该寺的“开堂演法第一代先师”，时年五十岁。
17. 1723年（雍正元年）春，迦陵禅师承新登大宝的雍正帝之令，突然辞卸寺务南游，过起了放逐式的隐居生活，迦陵时年五十三岁。
18. 1726年（雍正四年）秋，迦陵复还归宗之吹馀静室。九月二十二日示微疾，二十九日酉时泊然而逝，世寿五十六岁，僧腊三十三年。
19. 1726年（雍正四年）十二月初八日，雍正帝对内阁上谕，闻迦陵圆寂，深为轸恤，“著照玉林加恩之例，追赠国师，并赐予谥号，交内阁撰拟。其语录乃近代僧人所罕能者，著入经藏，以彰其真修翼善之功”。
20. 1727年（雍正五年）经礼亲王传谕诏，任迦陵禅师大弟子佛泉为大觉寺住持，并御前赐紫。
21. 1728年（雍正六年）十月，敕建“国师圆通妙智大觉禅师传临济正宗三十四世迦陵音和尚塔”在京师（今北京）西山建成，迦陵禅师灵骨从江西庐山归宗寺移至入塔。
22. 1732年（雍正十年）朝廷又重赐迦陵弟子佛泉紫衣三袭，以示眷渥。
23. 约1733年（雍正十一年）雍正帝突然对迦陵的态度发生了极大的变化，

一改以前的赞誉有加、恩礼备至，说自己早就发现迦陵品行有亏，行为不端，以法界之人却喜干预尘俗之事，所以在登基后令其离开京城，以护佛门清规。并说性音语录含糊费解，不能有利众生，“朕从前失于检点，亦性音辜负朕恩处，著削去所赐‘国师’封号，其语录入藏者亦著撤出”（《雍正朝汉文谕旨》）。

24. 1733年（雍正十一年）九月，雍正在其《御选语录》一书后序中，再次对迦陵大加贬斥，说他心行不正，污辱祖庭，所编《宗统一丝》“尤为乖谬”，斥其“性音昏愦卑鄙至于此极也”。并敕令地方官严加访查，不许性音门徒记录当年雍亲王与僧衲交往的情况，更不准将这类文书加以保存，否则治以重罪。

25. 1747年（乾隆十二年）乾隆帝出内帑重修了西山大觉寺，并于当年十一月撰写了《御制重修大觉寺碑文》。乾隆帝在碑文中赞誉其皇父佛学修养精湛，并追述了雍正当年对性音的倚重，间接地表明了自己对禅宗的态度及对迦陵的肯定。

26. 1929年（民国十八年）胡改庵居士出资对大觉寺所存迦陵编纂的《宗鉴法林》等已佚和残裂书板进行添补和修刻，并印制了一百部流布世间。在补刻本中，胡氏作《补刻宗鉴法林序》，专议迦陵高行与该书价值。

二、本书相关历史文献资料汇编[1]

1.《中国佛学人名辞典》：“性音”

（《中国佛学人名辞典》，比丘明复，中华书局1988年版，第179页）

性音（清）比丘，字迦陵，号吹馀，沈阳李氏子。少习儒，好性命之说。年二十四投高阳毗卢真一出家，参理安梦庵超格得法，出世京西大千佛寺，未几迁柏林，再移理安、归宗、大觉。以雍正元年春谢世南游，四年（1726）九月寂于归宗。著有宗鉴法林、宗统一丝、杂毒海、语录、语要等百余卷。

2.《新续高僧传四集》卷第二十五：“清杭州理安寺沙门释性音传”

（《高僧传合集》之《新续高僧传四集》卷二十五，上海古籍出版社1991年版，第857页）

清杭州理安寺沙门释性音传

[1] 资料汇编所录内容之标点，遵从原文献之貌，不予添加或删减，以供研究者参阅。

释性音字迦陵别号吹馀姓李氏沈阳人母氏许梦日轮堕怀咸而生音面如圆月童时就学初受章句于性命之说即能诘问及长不乐世缘长怀高行禁于父兄不伸厥志年二十四始投高阳毗卢真一求剃发寻受具戒真一示以本来面目口默参有省辞一南游时济洞尊宿法席相望音皆谒叩多未能契及见梦庵于理安便入记室庵每有垂问横机不让竟授衣拂已而辞去道经六安爱雪峰山水之胜颇欲栖止康熙丁亥梦庵主柏林寓书招之入京分座临众勘验真切简要莫不推服戊子夏梦庵寂诸山耆旧请音继席乃遁之西山缁素复以大千佛寺敦逼出世据座提唱广众翘仰为法为人剿知刊见于是方来英俊奔趋恐后座前环绕三千余指禅风斯鬯殷勤六载得益如林未几携锡补处柏林才及三稔而杭之理安虚席以待又往应之方欲避避酬答憩山阿江右许方伯兆麟以庐山归宗请为栖息之地忻然赴之未逾年而有京都大觉之命雍正元春忽谢院事飘然而南一瓢一笠山栖水宿居无定止四方征书交至隙之弗顾四年秋复还归宗独居静室凉风九月偶示微疾举疏山造塔事逐段作颂有此处埋老僧不得羊肠鸟道自庚辛之语为后来迁塔燕都西山大觉先兆以雍正四年九月二十九日示寂礼亲王集其事迹奏闻敕赠圆通妙智大觉禅师著有十会语录二十卷语要指要各一卷外集宗鉴法林七十二卷是名正句八卷宗统一丝十二卷杂毒海八卷

3.《法系考证》：“理安性音迦陵禅师《西天七十世南岳三十七世》”

（《法系考证》，虚云法师，1932年）

理安性音迦陵禅师《西天七十世南岳三十七世》

师俗姓李，籍隶沈阳，年二十四。投高阳毗卢寺祝发受具，参本来面目话有省。诣杭州礼理安梦庵，呈所见，蒙印心。历主理安归宗柏林诸名刹，法道大行，名动九重，雍正四年九月二十九日示寂，敕封圆通妙智大觉禅师。著有语录二十卷，宗鉴法林七十二卷，是名正句八卷，宗统一丝十二卷，杂毒海八卷，宗鉴指要一卷行世，赞曰。

这个阿师，费尽唇嘴。棒喝纵横，实没道理。儿孙颂德，无能赞毁。为王者师，人天欢喜。

4.《理安寺志》卷五《禅宗》：“传临济正宗第三十四代第十八次住持迦陵音禅师”传记

［（清）释实月撰《理安寺志》卷五《禅宗》，江苏广陵古籍刻印社1996年版，第250—253页］

传临济正宗第三十四代第十八次住持迦陵音禅师

师讳性音号迦陵别号吹馀系沈阳望族父李母许梦大日轮堕怀而生师康熙十年

九月二十日也面如满月童时就塾初受章句于性命之说即能诘问及长不乐世缘长怀出尘之念限于父兄至二十四岁决志投高阳毗卢真一和尚求剃发寻受具戒一示本来面目话令参默有省辞一南游其时济洞下尊宿法席相望师皆参叩机不契至杭之理安谒梦庵老人命掌记室每有垂问横机不让遂授衣拂升西堂未久辞庵出山道经六安州爱雪峰山水之胜颇有终志康熙丁亥春庵受京都柏林请寓书招师入京修觐举师立僧先是庵领众数十年所至不立首座众或强之庵云：我至七十岁方补此职至是乃符其言分座临众勘验接引真切简要一众服师钳椎戊子夏庵示寂诸山耆旧坚请继席不允遁之西山缁素复以大千佛寺敦逼出世据座提唱广众翘仰为法为人剿知刊见于是方来英俊奔趋恐后座下满至三千余指禅风为之大振一言半句流布诸方咸叹希有前后六载得益如林焉乃镌锡补处柏林之席三年而杭之理安虚席以待复应三年遂委之祖灯和尚欲避酬应之繁事山水之适江右方伯兆麟许公以庐山归宗请为栖息之地欣然应之未逾年而有京都大觉寺之命雍正元年春谢院事飘然南下一瓢一笠山栖水宿居无定止四方征书交至概欲之雍正四年秋复还归宗之吹馀静室九月廿日示微疾候安者皆作悲戚状因举疏山造塔公案逐段拈颂内有“此处埋老僧不得羊肠鸟道自庚辛”之语此虽最后垂范而实预示迁塔京都西山之大觉也越七日二十九日酉时泊然而逝世寿五十有六僧腊三十有三礼亲王特为奏闻敕赠圆通妙智大觉禅师建塔于京西天寿山师悟证真实知见高卓应机说法超情离见非悟弗易凑泊至于勘验悟门征诘见地眼明手亲深心大力不特晚近所罕睹者故领众二十年坐九道场参徒浩归依止者弗忍去生平不喜为酬应笔墨惟笔削禅书裨益后学有十会语录二十卷语要指要各一卷；外集宗鉴法林七十二卷是名正句八卷宗统一丝十二卷杂毒海八卷皆刊刻行世受嘱者九人门人实綍撰行实

5.《庐山归宗寺志》卷一：“行宫”“塔院”

［（明）释德清纂，（清）周宗建订补《庐山归宗寺志》卷一，江苏广陵古籍刻印社1996年版，第28—29页］

行宫

雍正六年敕建以迦陵音国师故也咸丰兵燹废今为修梅和尚禀请修复者

国师塔

在寺右里许即古灵溪观地塔惟衣钵真身迁北京西山大觉寺矣塔左有御碑亭

6.《庐山归宗寺志》卷一：“迦陵国师传”

［（明）释德清纂，（清）周宗建订补《庐山归宗寺志》卷一，江苏广陵古籍刻印社1996年版，第87—93页］

迦陵国师传

师讳性音号迦陵别号吹馀系沈阳望族父李母许梦大日轮堕怀而生师实康熙十年二十日也面如满月童时就塾初受章句于性命之说即能诘问咸异之及长不乐世缘惟怀出尘之念限于父兄至二十四岁决志投高阳毗卢真一和尚求薙发寻示具戒一示本来面目话令参默有省辞一南游其时济洞下尊宿法席相望师皆参叩机不契至杭之理安谒梦庵老人入室次庵云灵云见桃花即不问因甚示沙道未彻师云老老大大向这里纳拜□庵云是实相问师展坐具云且礼□□覆却庵顾而哂之命掌记室每有垂问横机不让遂授衣拂升西堂未久辞庵出山道经六安州爱雪峰山水之胜颇有终志康熙丁亥春庵受京都柏林请寓书招师入京修觐举师立僧先是庵领众数十年所至不□首座众或强之庵云我至七十方补此职至是乃符其言分座临众勘验接引真切简要一众服师钳椎戊子夏庵示寂诸山耆旧坚请寄席不之允遁之西山缁素复以大千佛寺敦逼出世据座提唱广众翘仰为法为人剿知刊见于是方来英俊奔趋恐后座下满至三千余指禅风为之大振一言半句流布诸方咸欢希有前后六载得益如林焉乃镌锡补处柏林之席三年而杭之理安虚席以待复应三年遂委之祖灯和尚欲避酬应之繁事山水之适方伯兆麟许公以庐山归宗请为栖息之地欣然应之未逾年而有京都大觉寺之命是师之末后应元也雍正元年春谢院事飘然南下从此一瓢一笠山栖水宿居无定止四方征书交至概欲之雍正四年秋复还归宗之吹馀静室九月二十二日示微疾候安者皆作悲戚状因举疏山造塔公案逐段拈颂内有此处埋老僧不得羊肠鸟道自庚辛之语此虽最后垂范而实似预示迁塔京都西山之大觉也越七日二十九日酉时泊然而逝世寿五十有六僧腊三十有三师悟证真实知见高卓应机说法超情离见非悟弗易凑泊至于勘验悟门征诘见地使异魔不能托寄邪谬不使传染师之眼明手亲深心大力不特挽近所罕睹者故领众二十年坐九道场参徒浩归依止者弗忍去生平不喜为酬应笔墨惟笔削禅书裨益后学有十会语录二十卷语要指要各一卷；外集宗鉴法林七十二卷是名正句八卷宗统一丝十二卷杂毒海八卷师之著述也嗟夫悟真实道示真实行说真实法度真实众师之所以为师者如是尔师门人遍天下法嗣亦夥真身既迁京都门人实綍法子大觉等与督修何懿复为师衣钵塔以当胜迹同年十二月世祖宪皇帝褒赐碑文追赠国师谥曰圆通妙觉大智禅师其文曰

扬正觉于法门高风如在；表清修于净域契密犹传特赉丝纶用垂琬琰尔性音心灵炯彻见地高超似明镜之无尘比慈灯之远照朕藩邸多暇内典时披深究性宗直探微妙间与缁流相接惟尔品谊最高睿般若之心源虚名湛寂；阐能仁之妙谛愿力弘深爰

选胜于西山俾栖禅于大觉自朕丕绍鸿图尔遂力辞凤阁飘然瓶钵归隐匡庐谨守清规远离尘境名不闻于宰史果已证于法王方畅遐迹忽闻示寂式稽恩例追赠尔为国师谥圆通妙觉大智禅师所著语录悉入经藏呜呼慈云拥护胜因昭示于恒沙佛日光华慧业长当于梵天余徽永播不亦休欤

7. 清康熙五十九年《送迦陵禅师安大觉方丈碑记》

[（清）雍亲王胤禛康熙五十九年撰《送迦陵禅师安大觉方丈碑记》，碑存北京大觉寺内]

碑额篆书：法轮重转

送迦陵禅师安大觉方丈碑记

我皇父现无量寿佛身光被一四天下临御五纪以来万类恬熙益登极乐国土余荷圣慈天覆奉藩多暇禅悦斯深性海同游时亲善友顾十方释子如粟如麻求其了悟真宗不愧称善知识者了不可多得僧性音净持梵行志续慧灯闲时偶接机锋不昧本来面目是可主持法席而俾以宏阐宗风者也西山大觉寺者金源别院表刹前明山深境幽泉石殊胜岩中宴坐当不减鹫岭雪峰聿诹良月吉辰倡率道俗送方丈安禅开堂演法从此信响彻于诸方善果结于四众莫不勤行修习广种福田则住山领徒之侣既可以报佛恩者报国恩而祝厘资福之忱亦藉以少展至于园居相望往复过从入不二门证无上道此又余与性音所共勉勿谖者矣

康熙五十九年岁次庚子秋九月和硕雍亲王撰并书

8. 清乾隆十二年《御制重修大觉寺碑文》

[（清）乾隆皇帝撰《御制重修大觉寺碑文》，碑存北京大觉寺]

御制重修大觉寺碑文

朕惟圣王御世弘济群生其与慈氏能仁普利人天功德不可思议迹虽殊而心源则一佛经所云过去诸佛往往示现转轮以世法□安天下复以宗旨接引诸方延续慧命者盖□起期万善之同归而已我皇考福慧两足镜智圆明自潜邸时深究宗乘证悟无上了义御极抚辰海内清和咸理乃于几暇选序古德语录开示津梁仰惟大慈悲父广种善根凡梵宇琳宫曾施公德皆不啻如来身坐道场而历劫四众并应庄严拥护瞻礼发心者也朕因诣龙潭近望西峰蓝若大觉寺者金清水院故址明以灵泉寺更名运谢禅安蔚为古刹康熙庚子之岁皇考以僧性音参学有得俾往住持丈室御制碑文以宠之及圆寂归宗复命其徒建塔于此慈恩眷顾圣迹攸昭而积岁滋久丹服剥落爰加修葺工既告竣勒石以纪岁月俾尔后住山大众时念法王显现化导因缘与国家累页护持正教振起宗风之

至意云

乾隆十二年岁在丁卯冬十一月兵部侍郎臣庄有恭奉敕敬书

9.《理安寺志》卷七《著述》:“《迦陵音禅师语录二十卷》”序

[(清)释实月撰《理安寺志》卷七《著述》,江苏广陵古籍刻印社1996年8月版,第406—409页。]

【鸠江丁懋学序】

世惟良医其用药能变通方术不胶于古不泥于今虽若造意而起疾如神然拘守陈法者未免骇其好奇岂知药以治病病治则已正可也奇亦可也宗师家垂手接人能如良医之变通或立一机或示一境或语言提唱欲使魔者慑异者正病者起死者活不难也譬诸声传空谷靡有不应箭落神雕从无虚发故马师门下同时出八十余人后之圆悟亦使十八人一夜彻去至今艳称之然迩来唱导之师拈椎竖拂无虚日求如马师圆悟当日之盛事竟未闻焉且魔益炽而疾益锢何古今之大不相及也人皆罪参徒之淡薄吾谓今人根器岂尽劣于古古人根器岂尽胜于今恐亦师家说法不能变通遂致学者坐病不起而区区欲参徒独受其过是何异?医者不善用药而谓举世皆受不治之症真堪令人绝倒矣!迦陵和尚传磬室五世法印出世京师千佛柏林绕座半千余指门庭甚严钳锥甚毒彼依止之徒岂少苦参力学眼明识卓者苟其师非真有为人手脚接人机用乌能忍苦相从依者弗欲去来者弗能拒也今观其左右辈所集升堂示众等语出正入奇尽变极化无非对症发药又皆临时应变能起今时学者之膏肓悉翻诸方说法之窠臼宜乎方来者之水赴而风驰欤!昔临济之言曰大凡演唱宗乘一语须具三元门一元门须具三要今观是录非深入元要之奥不能神其变通若是也滹沱老子去今七百余年元要之在人仅不绝如线乃得大师一肩力荷而恢张之诚法门之幸识者谅不以予言为谀请即书之简端

【释超蕉序】

当今宗社滥觞门户戈矛洁清峻上莫盛石磬而下珍叔笠老人十据名刹四主涧南如山如岳巍然不动时有生死南涧世法龌龊之谣天理人心诚不可没再传而得迦陵音公者悟门修持具见拈香一段亲切渊深上堂小参一一皆从自己胸襟中流出断非印板上打来模子里脱出一洗僄窃模拟拾唾寻膻之弊如僧问如何是道云山僧怕闻既是大善知识因甚怕闻?云夕死可矣以此非但为天下知解宗徒寻章逐句辈解黏去缚直令道学头巾脱骨换胎矣呜呼!世衰法微□风尽丧往往匙挑不上者亦爱乘奉赞扬稍有拂意掉头不顾顾予不肖陈朽何似而公业已德重京都名钦四海可以无求于今日乃以语录不远三千里外乞言于余且有痛下钳锥之语只此一节邈然追古人千载之上真有

大觉琏祖之风予以祖宗故土受托之深不得不任再住之责迄今近三十年日与大梅龙山为伍夜邻肉身老祖同梦耳不闻诸方之行目不视诸方之刻今读千佛之书真如闻迦陵频伽之声哀愍一切众生续五宗旦夕之慧命此吾珍叔梦兄苦心法门之报也是为序康熙五十二年岁次癸巳自恣日再住东山愚伯超蕉拜题于肉身殿侧

【住吴兴弁山释仁岠序】

宗门有三印印空、印水、印泥是也中分三句一句天无四壁一句半合半开一句合泥和水若以三句作一句会则突出难辩只眨得眼闪电提持僧衲无凑泊处若一句作三句会便觉有君有臣有元有要葛藤蔓延剌剌不休兹所谓印泥者也然而法无定相道在人弘大量者用之则同小器者局之则又不得不异耳迦陵和尚与余同事先老人于云门相得最善其后天各一方萍踪万里企慕之私仅付一暮云春树而已今秋赴和硕雍亲王之召馆于柏林因得与师挑灯话旧促膝谈心得来涧中一滴浪拍滹沱放出黄河九曲声光动地再观千佛法林诸录如登匡庐而望彭蠡长天一色空水无垠而随机应变卓有气蒸云梦波撼岳阳之象他年起我临济宗磬山老祖于一百年前早已为师道破了也奚待余言

10.《宗鉴法林》凡例

（清刻本《宗鉴法林》凡例，国家图书馆藏）

是书之会集也始于壬辰春在塞北之法林寺其镌版讫工也于甲午夏在京师柏林之宗鉴堂今题曰宗鉴法林识地也集书者皆以南岳青原对出未免舛错今依统要南岳归南岳青原归青原支派既已清晰览者自无诸讹天皇天王之误两家聚讼不休终为千古疑案欲为分剖诚难置喙况已坠之宗何必深论今将二字放一黑圈以俟后之作者事必遵古洞下五代之讹昉于近世从前皆不言及故亦未之闻今何敢妄加笔削谨遵会元等书庶免前贤之呵叱以取罪愆南岳下自马祖一始至五峰学林皋豫止青原下自石头迁始至指南彻雪关訚止以后语录繁多诚有未备公案自宋元以来流传者一千七百则人所共知每言及必举是数更不知此外别有妙悟埋没昔贤之精神良可太息因增入共二千五百六十四则联珠惟颂统要惟拈分为两岐未免各存意见览者亦有顾此失彼之叹今皆合集庶几一目了然洞若观火诸方语录拈颂颇多亦有未经流通者今广加搜罗虽残篇断简必再三详订录入集中以公天下后世公案中有疑似者不敢辄加臆断贻笑诸方即如油糍公案一云鹅湖一云南泉未知孰是今皆收入古德余仿此公案原以淘汰见识或反以见识去穿凿公案虽一时英雄欺人恐过去古人流涕今凡系穿凿腐靡者概不收入拈颂随到随收不能悉依辈行是书初刻于京都公案二千五百有零二刻于理安

复增入一百五十余则共成二千七百二十则至于公案考订卷帙编次不无大同小异之殊是书之成仅阅二年深山邃谷耆德尊宿语录不传世者缺遗必多敬俟后贤补入

11.《补刻宗鉴法林序》

（民国胡改庵居士撰《补刻宗鉴法林序》，与《宗鉴法林》一书共同辑入《大日本续藏经》第一辑第二编，第二十一套，第一册目次，支那撰述，禅宗语录通集部）

宗鉴法林七十二卷为支那一大撰述以原于清世宗故深传极少初世宗在潜邸时因亲近迦陵禅师相从结制于集云堂宗旨稍明端由善诱观夫送师安住大觉方丈碑记□崇□敬至蔑以加矣逮其登极予欲白雄忌疾猜□匪独施于政治即此宗门参究事亦恣肆其狂见冀之人一考地以为荣观夫御选语录藏对师宗统一丝而作其序文逞其魄谁俨如于妇骂街而所□乱统云者实戟指三峰一派素所深恶故攻击咸不得其平是书远孤旁搜频繁征考三峰言句尤犯威严能不凛然辟其锋乎夫挟帝王之势力为昧□激诡之言于是非不明花录为甚致使此无上法宝奈违而几于淹没不彰者无二百年名刹乾衰宗风侵息专制之深毒岂不大哉亡妻吴夫人中年学佛焉好参禅尝得长沙上林寺所刻宗鉴指要奉为师资进求是书唯见续藏经活字本而原本偏敝坊不可得丛林旧藏唯闻资福柏林拈花三寺各存一部爱岐俩至不轻示人可谓难得也已乃凡力庶大求之三年不解一旦充获原稿十六册完美无缺造且点定检注丹黄粲然迷为师之手迹由此可见古德之于撰述苦心毅力精勤落斯信非承尔操觚所能忘其项背者也夫人拣此至宝欢喜赞叹日夕阅看虽祈寒溽暑无间断焉顾不自奇秘数欲付石板汇印借弘法报私法恩遂□世诚有志未逮余心殊不安也去年冬尘夫人拣于平西阳台山下徐各庄承儿子迁玉营治窀穴居大觉寺凡三日瞻礼师之遗像夙心怅触愈苍不安默直夫人之凡所日偿耶偶忆昔游庐山宿归宗寺及寺僧夜谈闻师示疾作颂有此处埋老僧不得羊肠鸟道自庚辛之语为迁塔大觉先兆因移放师塔于寺右距夫人之墓即半里也归过天王殿见刻板参然山积隐隐在尘封中问诸住持福振和尚云凡八种而宗鉴法林最为巨制但久未刷印缺失已多补刻良不易也余闻斯言不胜感慨谓因缘是已此其时矣遂告以夫人遗志允先独任此举请退院方宗和尚董其事而汇印原稿留待后图焉考是书有南北二本北本公案二千五百六十四则康熙壬辰甲午间刻于柏林宗鉴堂移藏大觉感有传之其人之意乎南本公案增至二千七百二十三则康熙戊戌刻于南涧松巅阁遭兵灾板全烬南僧楚公傍而事佛即慕是书往来于江浙诸寺数十年辄未见原刻焉会请经北来始见资福藏本惊为稀世之珍亟欲假归谋复刻沮于人事终不可能何其难也夫资福柏林所藏皆北本也而今兹补刻随缘方便适出于拈花所藏之南本虽南北杂糅不可方物

于以聊存南本之一斑亦云失矣夫拈花昔之千佛南涧杭之理安皆师所尝住持者也是有胜因生斯妙果非偶然也补刻既成余心为慰略叙其缘起如此至于其他七种是名正句八卷杂毒海八卷宗鉴语要二卷宗鉴指要一卷集云百问一卷佛泉禅师语录六卷后录四卷月天宽禅师语录二卷纵有缺失卷数无多方宗和尚力能重兴道场福振和尚志在阐扬宗乘不难修补藏事唯师尚有语录二十卷更属传心要谛凡海内缁素坊求重刻同藏名山则大觉门庭其辉耀当不灭师升堂说法时也中华民国十八年二月十日菩萨戒邬波索迦黄陂胡朝宗撰于北平

中华民国十八年春黄陂胡改庵居士为其亡夫人盱眙吴慧娴女居士补刻宗鉴法林计添新板四十二块修补板七十八块共字二万五千四百五十八个先后用银二百元请由退院方宗和尚董其事当斯宗风不振之秋得此慷慨布施之举甚盛事也板藏本刹愿十方缁素广为印刷以资宏扬庶吾宗有中兴之望焉补刻既成欢喜赞叹用识数言以垂纪念云尔

北平西山大觉寺住持福振谨识

12.《是名正句》序

（清刻本《是名正句》序，藏于国家图书馆）

古德悟门真实见地超卓无情识知解之弊故发为一言半句播之当时传之后世举不能有易其一辞者如禅典所载千七百则公案尤其著者也而后之作者有实能窥见古人之所造乃另出手眼或为之征或为之拈或为之代与别与颂因从而直说焉傍喻焉其体则五言七言长短不一其义无非发扬公案之曲折欲学者由之而见古人之面目而荡其识笼情罩不致认驴鞍桥作阿爷下颔是亦不得已之苦衷也晚近以来辞藻是尚类同诗歌而公案本旨胥失焉而不之觉习以成风其误人也岂浅鲜哉是皆由其平日虽称究心此道然无三冬九夏之苦辛十年五年之刻励而徒逞狂慧播弄唇吻自谓参学事毕好为人师甚至视悟门为可有可无见地为可讲可教授受室中指为传心穿凿行间令为得旨岂不以西来直指之道尽落为情识知解中物耶且妄指公案有大小之分识见有浅深之别悟有顿渐证有次第谬说纷然尤可哀也岂知公案有通与塞之异悉由生平是解非悟之患果若悟真证到自能彻尾彻头所谓如断握丝一断一切断何更有公案能碍我眼哉然古人犹谓总使千七百则靡不贯通只名见解不名见地又云悟则不无犹落第二头何况穿凿配合空花妄影乌能济生死耶然则宗门中事唯以见地为大要也明矣今之人尚不知有悟复何从论见地哉当论人有今古悟无今古古人所垂悟后言句莫不炳如日星而人之求其说者虽决眦张胆穷力尽气且不能窥见其光影彼丈夫也我丈夫也相

去若此而不恧然于中者岂人之情也哉总之用情识愈求愈远能悟证何古何今然人往往不能于用者务是去而力求其能徒欲以邪之谬解如盲引盲诚法门之坏劫亦学者之厄运也余为此惧欲闲今人而皆古人因驱古人而就今人集宗鉴法林七十二卷得公案二千七百二十三则各有拈颂列次其下亦欲使学者知所趋向去其习染行之海内然虑挟袱担囊之徒或苦其繁重复就旧本拈颂中集其不落情见者亦非情见可凑泊者汇为一帙共得八卷题曰是名正句盖窃取诸岩头云斯役也岂余之得已而不欲已哉知我罪我是在后之览是集者

京西大觉山佛泉寺性音撰

13.《杂毒海》迦陵禅师序

［（清）释实月撰《理安寺志》卷七《著述》，江苏广陵古籍刻印社1996年版，第405—406页］

同是点画所成之字经有心眼者拈掇之便能如画家点睛令其人生气溢目对之不觉咄咄叫绝又如人各与镜面目俾之了了德山之棒临济之喝似犹逊此痛快杂毒海所集往哲偈颂皆是物也此真道人本色文字宗门中不得已而有文字必若是而后可也予尝谓衲僧家不向本分吐露而驰骋聪明炫耀辞句与文人墨士角工巧夸多斗靡是何异尼山所云君子而去仁也若使之从毒海游吾知必爽然自失矣是集从恕中梅谷二和尚增订之后较龙山所作尤成大观但南中之板流通不广北方学者恒少见焉因重为刊出其间补入一二亦援梅和尚之例并如梅和尚之言非敢阿好也昔世尊自述在因时求得半偈乃遍书于林叶石壁间以传示国人余今补刻之役非与前人争功聊代书叶书壁之劳尔康熙甲午夏六月

14.《集云堂百问》序

（清刻本《集云堂百问》序，板藏北京大觉寺）

余于问寝视膳之余尝栖心内典崚嶒巨岳虽不克尽其峰峦汪洋渤海亦稍得窥其涯际予生太平无象之秋恰遇佛日增辉之候因将宗门语句叠成百问集作一编每怀道旷无涯非敢一言金石之意实为逢人不尽庶几百城烟水之思惟冀大方宗匠耆德宿学少随时宜不吝珠玉拈颂机言惠而教我非惟光生梨枣亦开将来人天正眼慧炬千古矣癸巳万寿日

15.《理安寺志》卷五《禅宗》：“传临济正宗第三十三代第十三次住持梦庵格禅师”传记

［（清）释实月撰《理安寺志》卷五《禅宗》，江苏广陵古籍刻印社1996年版，

第244—248页]

传临济正宗第三十三代第十三次住持梦庵格禅师

和硕庄亲王撰塔铭

梦庵禅师名超格号梦庵世为江南芜湖人姓丁氏父应鹤母陈梦庵生九岁能吟咏稍长攻帖括有声庠序间非其志也性好内典喜趺坐幼会谒梅生和尚闻万法归一话有省欲出家以父母在不果至二十八岁始投金陵清凉寺剑门和尚落发秉宝华山见月师具足戒历参诸方老宿偶登庐山五老峰豁然悟彻有踏破虚空作两边之语时天笠禅师主禹门往参次便问破夏远来请师一接笠云未入门时吃棒了也遂作礼云谢师指示笠打云知恩者少梦庵遂一喝拂袖便出笠门风孤峻学者惮之梦庵横机不让一众侧目甫三月遂受嘱笠示有微笑争看第一枝之偈笠后住南涧夹山东禅梦庵皆充第一座四方来参者服梦庵机用之敏咸亲依之推之开化历住嘉善之东禅暨慈云武林之南涧及清波最后主京都之柏林咸能以道示人所化殊广戊子春感微疾然参请酬应如常时唯危坐虽中夜犹屹然不起六月二日忽索浴更常衣众知不可留因求偈梦庵瞪目叱之请不已乃曰南来北往也寻常竿木随身作戏场近日风前舒一笑满轮明月湛清光说毕遂瞑目梦庵生崇德己卯五月七日示寂康熙戊子六月二日阅世寿七十僧腊四十有二嗣法弟子迦陵音敕赠圆通妙智大觉禅师调梅鼎千荫林沤和截□三圆灿然桂希芳玉印潭望皆空照居士纳信等十人梦庵应世唯本色接人称性说法眼目高捡辨精当有五会录宝轮集行于诸方莫不推重未示寂前以诸信施所遗衣饰行李动用什物尽散之大众寸丝不留以体来去皆空之义调梅鼎奉其师遗殖归江南立塔吴之灵岩左麓石林寺前科茶庄雍正九年辛亥距示寂二十有四年矣塔石犹阙然未铭调梅鼎奉特旨主柏林之三年以行状来乞铭余于禅理本未深悉安能为铭坚请不已强为铭曰梦云何来梦云何去人咏蕉鹿得失匪意蘧蘧栩栩与之同趣自号梦庵已极其致梦之觉之欲求何义唯尔禅师北来南去南涧清波柏林苗裔机用之捷被于嗣人光前裕后罔不有闻于彼吴山是营是作梦墓之塔卓然恒觉

16.《理安寺志》卷五《禅宗》："传临济正宗第三十三代第十五次住持越鉴彻禅师"传记

[（清）释实月撰《理安寺志》卷五《禅宗》，江苏广陵古籍刻印社1996年版，第248—249页]

传临济正宗第三十三代第十五次住持越鉴彻禅师

师讳超彻号越鉴天笠法嗣绍兴东浦全氏子父茂至母王氏少时祈梦于忠肃公庙

承示得道和尚四字感是出家十九岁礼杭州妙智庵虚融师剃髪二十三岁诣金陵华山从定庵和尚受戒参天笠禅师于镇江之金山记□后受梦庵和尚请住持理安四十八年杭城大饥入城化缘示寂于万安桥侧年五十岁闻者莫不感泣生死理安之名由师益著讣至京师时迦陵音禅师住柏林方丈哭奠甚哀世宗在藩邸询知理安清苦发帑重建寺宇来造寺者僧名越宗置田者僧名成鉴与师名适合若前定焉五十一年功毕奏闻圣祖御书理安寺额师有语录二卷行世佛日羲禅师撰行述

17.《理安寺志》卷五《禅宗》:“传临济正宗第三十四代第二十次住持调梅鼎禅师”传记

[(清)释实月撰《理安寺志》卷五《禅宗》,江苏广陵古籍刻印社1996年版,第254—262页]

传临济正宗第三十四代第二十次住持调梅鼎禅师

师讳明鼎字调梅别号粟庵晚年自号恬退翁楚之黄梅人姓冯氏父林章母李氏幼不好嬉戏八岁于汇源礼石师剃染二十于万杉大楚和尚受具后参金粟碧和尚复参包山柯和尚走浙之理安参梦庵格老人从参普明未几归南涧数日与□千三人悉承记□乃丙戌春也明年春京都柏林专使持请书至师随入京才一载梦庵入灭师载□南还卜葬于吴之石林卢塔五载壬辰□江永宁众请主之明年春入京师集云堂校刻宗鉴法林录宪皇帝在藩时自拈佛祖公案机缘相契留内久之夏礼台回一日登白塔山顶蹦趺是日阴霾云漏日光射殿顶师抬眸一见身世顿空自此证到信手拈来著著亲处明年甲午春馨山虚席庭辞南迈殚精冰檗一住七载庚子春奉命住理安值歉岁辛苦支撑壬寅宪皇帝御极密旨进京引见上谕有小心行道勿彰馨势之训衔命还山感抚军李馥捐俸重修理安丙午夏回楚省亲秋归涧丁未春走归宗设供回山屈指南涧八载冬特旨进京明年戊申正月初五奉旨住柏林历三载奏交卸上不允许庚戌秋地震众刹路塞师念四来云水无归广纳不减上发帑苦补殿宇九年工竣十年建皇道场百日于寺是岁腊月十二日诏入安宁宫征师行道多年入手处奏对大悦留内三日钦差赉锡紫衣升堂拈香谢恩赐帑五百金饭僧又命朔望入内礼佛次年癸丑正月八日诏论玄要于安宁宫值师母难恩赐碧玉如意一握金转轮藏一座谕曰天然如意常转法轮各亲王特诣寺饭僧请法自后王大臣问道无虚日二月八日奏修笑严宝祖塔院及各处大刹上皆允许至重九退柏林回苏石林守梦庵老人塔院请庄亲王制梦师塔铭参政道李秉直为刻石建碑亭织造高斌修拜台竖坊礼塔乙卯八月十九日复降旨来京董修藏事上宾天其年冬抵京奏问次年丙辰正月八日入馆次年戊午藏事毕急欲南旋庄亲王奏补万寿寺住持辞不获

免乙丑冬月庄亲王奏请钦命掌理僧篆辛未五月因疾 庄亲王奏准于十五日退万寿院 王命旃檀寺静养至闰五月又增痢泄王命医赐参汤啜之至子刻命扶起跏趺告众说偈曰海上横撑没底船神头鬼面已多年而今捩转娘生鼻一任诸方取次传安坐而化师生于康熙十九年庚申寂于乾隆十六年辛未七月初一日子时寿七十二僧腊五十四遗命奉全身舟载南还归馨山造塔师四坐道场说法近四十载必以□炼禅衲为务入室考工必深锥痛拶不至彻骨而不已说法不存轨则一味单提向上发明本分四会语录共一十四卷外有诗偈别录诸刻付梓流通传法弟子二十余人参学门人实瑄撰行状

庄亲王撰塔院碑铭

调梅禅师名明鼎号调梅楚之黄梅人姓冯父林章母李氏调梅生而岐嶷幼读书嗜禅味企慕空门父怜而成其志于县之汇源庵礼石白师落发年二十秉万杉大楚和尚受戒深究本分遍参宗匠旋之理安参梦庵师师问黄鹤楼公案未及答梦庵劈头棒曰打破黄鹤楼当下大悟于时客尘观尽妙气来宅所谓早净六根速成四德者耶种种法语载所著前后录若干卷爰以明心见性受知当宣其通彻宗旨也如此康熙甲午主馨山方丈庚子春次主理安阅八载世宗宪皇帝宣取来京住柏林寺尝召见便殿问答皆称旨赐紫衣如意转轮藏等物其遭际隆遇也如此予因识调梅见其冲然而静蔼然而和恂恂然其宿慧人哉癸丑退柏林而南还守梦庵塔院不忘师承概可知已逭刊修大藏经奉命复来京师行走不辞劳勚以故校雠参考调梅之力居多今皇上御极之三年工告竣予为奏请卓锡万寿寺并掌僧录印务于是调梅齿将六十矣功行益加精锐照心灯于觉岸引慈棹于迷津沾丏予嗣法者不少又十年所而调梅已耄矣辛未五月乞予家庵旃檀寺而休焉孰意七月之朔即为调梅涅盘之辰世寿七十有二传灯录曰觉性既圆无法不寂调梅之谓欤噫调梅之来也予识之梅之去也余庇之世外之缘夫如是耶其从将奉其师于阳羡之馨山营塔以藏则塔院之碑铭予固不待其门弟子之请而自当觌缕其崖略也遂系之以铭曰猗欤马祖付法大梅即心是佛厥念弗回尔梅孰调酸碱且耐但晓瓶钵宁知鼎鼐临济传宗镜象胥融五蕴非有四大本空拂衣而去去从何处他日西归孑然双履馨山之阳会开道场息阴于此以倘以徉赑屃□石白云怡怿万树梅花雷劫不息

18.《御选语录》卷十八:《御制后序》

[(清)雍正《御选语录》之《御制后序》,中国社会科学出版社2004年版,第1217—1225页]

朕少年时喜阅内典,惟慕有为佛事,于诸公案总以解路推求,心轻禅宗,谓如来正教不应如是。圣祖敕封灌顶普慧广慈大国师章嘉呼土克图喇嘛,乃真再来人，实大善知识也。梵行精纯，圆通无碍，中外诸土之所皈依，僧俗万众之所钦仰。藩邸清闲时，接茶话者十余载，得其善权方便，因知究意此事。

壬辰春正月，延僧坐七。二十、二十一随喜同坐两日，共五支香，即洞达本来，方知惟此一事实之理。然自知未造究意，而迦陵音乃踊跃赞叹，遂谓已彻玄微，笼统称许。叩问章嘉，乃曰："若王所见，如针破纸窗，从隙窥天，虽云见天，然天体广大，针隙中之见，可谓偏见乎？佛法无边，当勉进步。"朕闻斯语，深洽朕意。

二月中，复结制于集云堂，着力参求。十四日晚，经行次，出得一身透汗，桶底当下脱落，始知实有重关之理。乃复问证章嘉，章嘉国师云："王今见处虽进一步，譬犹出在庭院中观天矣。然天体无尽，究未悉见，法体无量，当更加勇猛精进云云。"

朕将章嘉示语句之迦陵音，则茫然不解其意。但支吾云："此不过喇嘛教回途工夫之论，更有何事？"而朕谛信章嘉之垂示，而不然性音之妄可，仍勤提撕。恰至明年癸巳之正月二十一日，复堂中静坐，无意中忽踏末后一关，方达三身四智合一之理，物我一如本空之道，庆快平生。

诣章嘉所礼谢，国师望见，即曰："王得大自在矣！"

"朕进门更有事也无？"国师乃笑，展手云："更有何事耶？"复用手从外向身挥云："不过尚有恁么之理，然易事耳。"此朕平生参究因缘。

章嘉呼土克图国师喇嘛实为朕证明恩师也，其他禅侣辈不过曾在朕藩邸往来，壬辰癸巳间坐七时，曾与法会耳。迦陵性音之得见朕也，乃朕初欲承喜结七，因柏林方丈年老，问及都中堂头，佥云："只有千佛音禅师。"乃命召至。既见，问难甚久。其伎俩未能令朕发一疑情。迫窘诘屈，但云："王爷解路过于大慧杲，贫衲实无计奈何矣。"

朕笑云："汝等只管打七，余且在旁随喜。"

尔时醒发因缘已具述如左。若谓性音默用神力，能令朕五支香了明此事，何得奔波一生，开堂数处而不能得一人，妄付十数庸徒耶？

向后性音惟劝朕研辨五家宗旨。朕问："五家宗旨如何研辨？"

音云："宗旨须待口传。"

朕意是何言欤？口传耳受岂拈花别传之旨？堂堂丈夫岂肯拾人涕唾？从兹弃置语录，不复再览者二十年。此府中宫中人人之所尽知者。

夫五家宗旨，同是曹溪一味，不过权移更换面目接人，究之皆是无义味语。所为毒药醍醐搅成一器，黄金瓦砾融作一团，用处无差，拈来有准，并皆一代之宗师，百世之模楷。奈庸流不了自心，累他涂污有分，鼓动识情，横生法执，谬加穿凿，取笑旁观，明眼人前不堪举似。因见性音谆谆于此，是乃逐语分宗，齐文定旨也，甚轻其未能了彻。如使性音明知之，劝朕于此打之绕，更是何心行也？则其限于见地可知矣。

如达摩传衣偈云："一花开五叶，结果自然成。"后世附会其说，以为五叶者五宗也。夫传衣止于曹溪，则是从慧可而下五世矣。因震旦信心已熟，法周沙界，衣乃争端，不复用心表信。达摩、黄梅之言具在，由可至能，岂非五叶？后来万派同源，岂非结果自然成耶？何得以五宗当之？

且传衣公案，世多囫囵吞枣，全未明白。世尊至多子塔前，命摩诃迦叶分座令坐，以僧伽黎围之，遂告曰："吾以正法眼藏密付于汝，汝当护持。"继又告迦叶；"吾将金缕僧伽黎衣传付于汝，转授补处，至慈氏佛出世，勿令朽坏。"世尊所分之座，究是何座？僧伽黎究是何物？如云即是此金缕僧伽黎衣，从迦叶传至六祖者，岂有自周昭王至梁武帝时，尚不朽坏？即属异宝，不可思议，便能常存世间，又与正法眼藏有何交涉？且自六祖以后，何以又复消泯？世尊明言"至慈氏佛出世，勿令朽坏"，乃未至唐时即已无存，岂世尊妄语诳语耶？且以僧伽黎围迦叶者，又是何意？

总之，未悟正法眼藏，从何推测？人必明取僧伽黎定然留得到慈氏出世之故，然后可与论传衣之事，何得支离穿凿，妄定宗旨，更以五宗牵合附会耶？况五宗前后参差，亦非一时。即五宗所明，同是大圆觉性，宗若有五，性亦当有五矣。古人专为剿情绝见，惟恐一门路熟，又复情见炽然，是以别出一番手眼，使人悟取。众生心不能缘于般若之上，今乃转以情见分别之，埋没古人不少。

朕既深明本旨，只图真实以办平生，岂肯被伊牵绊葛藤窠也？因一年之后，自清凉山回，宗教两不拈提。迨即位以来，十年不见一僧，未尝涉及禅之一字。盖此事，实明者少，逐块之流，徒劳延伫，求名之辈，更长业缘，而世间井底蛙又必妄生议论。朕悯诸有情，无知愚陋，恐其因此造诸谤般若大罪孽，不谈之意，良非偶然。

今见去圣日远，宗风扫地，正法眼藏垂绝如线，又不忍当朕世而听其滔滔日下也，乃选辑从上宗师吃紧为人之语刊示天下后世，使之摆脱生死根尘，掀翻轮回陷阱。

学者当知，朕今此举，实为佛祖慧命所系，不惜眉毛拖地，非与十方常住行脚秉拂之徒较论见地短长。朕此选出，莫又缉缉聚头，妄论是何宗派，却与朕莫交涉在。天下宗徒能为自己一大事勇猛精进，如救头燃，立雪不寒，断臂无痛，自然黑漆桶拦空扑破，玉麒麟就地勒回，那时方省得朕此一番话堕无量慈悲。如或此心不真不诚，不苦不切，但从语言文字放出见闻觉知，任情卜度，细意推求，此一则是临济宗，那一则是曹洞派，起模画样，滞相执缘，以此求契求证，所为将空塞空，徒使朕与从上诸古德百千方便，亦如取声锁向匣中，吹网欲令气满耳，岂不钝置人耶？

朕在藩邸时亦以本分事接人，不无漏逗，所有语句并已刊入《圆明居士语录》卷内，此外并无一则机缘流布人世。况朕身居帝王之位，口宣佛祖之心，天下后世理障深重者，必以教外别传之旨未经周公、孔子评定，怀疑而不肯信。然此其为害犹浅。若夫外讬禅宗，心希荣利之辈，必有千般诳惑，百种謷讹，或曾在藩邸望见颜色，或曾于法侣传述绪言。便如骨岩木陈之流，捏饰妄词，私相纪载，以无为有，恣意矜夸，刊刻流行，煽惑观听。此等之人，既为佛法所不容，更为国法所宜禁，发觉之日，即以诈为制书律论。

朕今此举，实以教外别传将坠于地，不得已而为此。至于宗门能杀能活，能纵能夺之趣，皆由宗师所参不谬，所悟无垠。如千里驹，随意举步便是追风逐日，其不可及者，皆其所不自知。苟存一与夺自在，擒纵无偏之见于八识田内，则人法不空，能所交接，其与魔外有何分别？

兹选取之有《正集》《外集》《前集》《后集》，而又谆谆提示，各序其旨于篇端者，专欲学人真参实悟，各得本分正知正见，如象渡河，脚踏实地，便能超出三界，而一一具足六度万行，切莫仍向此中转求口头滑利也。此事不由语言文字分迷悟，岂由语言文字定是非？已悟已证者，有语有句，固能为人解黏去缚，若平生无一则机缘语句传世者，岂得遂谓未悟未证乎？如西天四七，所垂言句甚少；东土二三，惟达摩、曹溪尚传语句，璨大师尚有《信心铭》一篇，其他二祖、四祖并无一语垂后，岂皆是未悟未证人也？应知何在。语录之流传与否。乃近代宗徒动辄拾取他人涕唾，陈烂葛藤，串合弥缝，偷作自己法语，灾梨祸枣，诳惑人家男女。其口头实能滑利者，便鸣钟击板，竖拂擎拳，彼建立则我扫荡，彼扫荡则我建立，各出妄见争持，大家一场忪愣。礼拜者，作出身之活路；棒喝者，成漂堕之黑风。

如此心行，称曰度人，佛祖门庭岂不污辱！

又如古人契证无差，每有拈、代、偈、颂心相印合。今则不然，不于契证处自了自心，但于公案上盲拈瞎颂，剽窃成语，差排牵合，为可解不可解之语，作若通若不通之文，千七百则皆可通融，百千万言无非活套，以此为拈、代、偈、颂，岂不涂污古人，误累自己？有何交涉？虚费钻研。

夫讲师诠解教典，何堂不同于如来之语？而不得谓传如来之心者，以心宗非语言文字所可传，故曰教外别传。今将教外别传所有公案作文字，则是又成一教外别传之教典矣。况文字边事，欲其工妙，亦非聚数十年心力不能到家。至作得文字好，则此数十年不究本分，可知教外别传只是“本分”二字，安可离却而为此门庭以外事？拈、代、偈、颂四者，颂最为后。学人于颂古切用工夫，遂渐至宗风日坠。此端一开，尽向文字边作活计，赵州所呵“枝蔓上生枝蔓”，正为此辈。

至乃子孙，稍得世荣，便欲将祖父言句夤缘入藏，不思千古自有明眼人，岂得欺尽谩尽？夫要为利益将来，流芳百世，夤缘入藏，而乃忘其贻误后人，遗臭万年也，何苦夤缘，自贻伊戚？平素一无所事，吃得饭饱，长连床上三三五五握管伸纸，商量作一部好语录垂后，纵使句句如初祖所说，亦乃馊羹锡饣，与灵觉有何交涉？况此实非学问之所能及，思虑之所能到，何苦造大罪孽同于谤佛？古人云：“佛法不怕烂却。”又云：“但得成佛，不愁不会说法。”朕愿天下宗徒，参则实参，悟则实悟，此是菩提道场，其中无求名利处，于此尚不无污染，可见从初发心便非真实为生死出家也。若为名利，何如耕农，作一孝悌力田之民；不然应试，作一科举文学之士。留此宗门，以侍真正发心参学之人，免致涂污佛祖之慧命。

朕阅《指月录》《正法眼藏》《禅宗正脉》《教外别传》诸书，所选古德机缘语句，皆错杂不伦；至于迦陵音所选《宗统一丝》者，尤为乖谬。古人语句，专为开人迷云；后人选辑，专为垂诸久远。今乃挨门逐户拾取剩遗，或珠或玑，或金或鍮，或丝或布，或柴或草，或瓦或砾，或垢或腻，一家强收一物笼中，更自夸曰秉公，何庸愚之甚也！但图人人有分，个个不遗，纷纭杂陈，撩乱错出，蚪蚪与神龙并游，野狐与狮子齐吼，饱参者尚或一时目迷，况初学之人，岂不观之而愈惑，求之而愈远？其为毒害，奚可胜言！此选，朕近日方见，未料性音昏愦卑鄙至于此极也。至于取本朝开堂说法之衲僧平生所有乱统，各各人编一则，错杂不堪，谓之宗统一丝，直接西天四七，东土二三，真令人笑之齿冷。若然，则禅宗之统，实危如一丝也。其意不过取媚同门参学之徒，俾感其选录伊祖父言句入集，以为荣华。此何异世间浇薄士子，彼此标榜选刻文字，自称名士乎？噫！可为宗风太息流涕者矣。

如朕于涌泉欣、天衣怀、韶国师等古德语句，宝之如摩尼夜光，赤刀大贝，而诸书所载极少，遍求不可复得。盖瞿汝稷辈，自然皆是性音心行，既杂取下等语句，又畏繁多，自然将真正师范至言转播弃之而不惜，历年既久，渐以无传，良可叹惋。因念从上古德不肯以佛法当人情，一任香火歇绝，不妄付拂者，其与盲传盲受，只图支派蕃衍之人，高下相去，天地悬隔。

夫慧命绝续，正同父子，但与身体发肤之禀受，其理相不可强同。虽瓣香所承，定不容昧。但如朕所采语句中诸禅师，现在已无法嗣者，天下宗徒之祖父岂得不从此摸着鼻孔？是则亦为伊祖父生身之所自也。凡为嗣续，正当饮水思源，奈何各立门庭，同于世间种族，赵甲之家不祀钱乙之祖，横分畛域，各守封疆。况伊辈盲传盲受，并未大死大活，有何法乳？所报何恩？倘从此选中诸禅师垂示处得个入头，是乃瓣香法乳之恩，理宜酬答者也；如或未能，则姑如先圣先贤列祀学宫之例，使人人致敬，要亦未为不可。

天下丛林古刹衲子，除各自供养伊本支祖父外，应将从未拔萃古德一一设位于堂，朝夕供养礼拜，使其香火绝而复续，遍满震旦，不但为后世真参实学者劝，亦报本酬源之正举。再者，从上祖师设呵佛骂祖之路，盖为学人圣见不除，则触途成碍，苟不向脚跟下。如斩一握丝，一斩一齐断，则见相横前，仍沿此岸。

夫如来直指灵鉴心体，不特破根尘相对之妄，亦乃破离妄绝对之真。真妄两途，皆众生无始以来之见病，大善知识透天透地，泯妄泯真，是以扫空生佛之虚花，荡尽妄真之闲说，吃紧为人，无奈立此呵佛骂祖之说，所谓以慈悲之故，而有落草之谈也。其实水月道场，空花万行中，此等语言何处安著？如德山鉴，平生语句都无可取，一味狂见恣肆，乃性音选《宗统一丝》，采其二条内一条，截去前后语言，专录其辱骂佛祖不堪之词，如市井无赖小人诟谇，实令人惊讶，不解其是何心行，将以此开示学人耶？是何为耶？近世宗徒未踏门庭，先决堤岸，一腔私意，惟恐若不呵佛骂祖，则非宗门，强作解事，学人饶舌，狐行象路，鸮学凤音，是何言欤？是何言欤？

释子即以佛祖为祖父，岂得信口讥诃？譬如家之逆子，国之逆臣，岂有不人神共嫉，天地不容者？阎罗面前刀山剑树，专为此辈而设，极宜猛省。如南泉愿牧水牯牛公案最为下品，因南泉愿颇有本分之语，是以朕未加呵斥。而性音则于其他语句概置不录，所录二条，其一即是此条。具此凡眼，有何圣见可除？辄敢见人呵佛骂祖，便生欢喜采辑，鸱鼠嗜粪，斯之谓矣。

又如大慧杲云“今时宗师为人，入室三五遍，辨白不出，却教他说悟处，若恁么地，如何为人”等语，此论大误。从来录永嘉一宿觉之类，只因当时但知教乘，初阐禅宗，所以一言半语漏逗本分，皆胸襟流出，便可印合。自唐季以后，古德垂示流布海内，人人捃摭攘窃，预备应机，若不入室细扣，知其是何心行？朕亦颇能为人，然实不能不令入室三五遍而即悉其底蕴。开堂说法，临机问答，固不可无，若止凭一二语以定虚实，此盲传盲受之根。大慧杲误人谬论，丛林当为炯戒，况大慧杲既具如此眼目，所谈奇妙法何耶？所得英俊才谁耶？

朕实深尝上乘圆顿甘露之味，非依墙摸壁，率意之乱统，既知之无疑，岂忍不报佛祖深恩？因不辞话堕，竭力为宗门一番整顿，所冀天下禅僧改往修来，英灵辈出，如朕所选中诸禅师者，唱导十方，使如来正教有振兴之象，是则朕之深愿。如尔等僧徒仍执迷不悟，将朕一片慈悲全不领受，仍以无明缁素人我心会取，如世尊所说三藏十二分，一例束之高阁，则宗风之衰，朕亦无如之何矣！选辑既竣，书此以为后序。

雍正十一年癸丑九月逆日。

19.《理安寺志》卷一《恩宠》:《雍正四年十二月初八日上谕》

[（清）释实月撰《理安寺志》卷一《恩宠》，江苏广陵古籍刻印社1996年版，第23—24页]

雍正四年臣僧性音圆寂庐山隐居寺十二月初八日奉上谕朕在藩邸时批阅经史之余每观释氏内典实契性宗之旨因时与禅僧相接惟性音深悟圆通能阐微妙其人品见地超越诸僧之上朕于西山建大觉寺为其静修之所以朕嗣登宝位凡体国经邦一应庶务自有古帝王治世大法佛氏见性明心之学与治道无涉且若以旧邸熟识僧人仍令主席京师天下或以朕有好佛之心深有未可且有累于性音之清行而性音亦力辞归隐遂安禅于庐山隐居寺四年于兹谨守律规谢绝尘境即本省大吏尽不知不闻也今闻其圆寂朕心深为轸恤著照玉林加恩之例追赠国师并赐其谥号交内阁撰拟其语录乃近代僧人所罕能者著入经藏以彰其真修翼善之功钦此